초등 통째로 이해되는 세계사

초등 통째로 이해되는 세계사 3
로마 제국과 진·한 제국 기원전 8세기~서기 5세기

초판 1쇄 발행 | 2016년 3월 10일
초판 6쇄 발행 | 2022년 4월 18일

글 | 김상훈
그림 | 최현묵
감수 | 남동현, 나상집 (경기도 중등역사과교육연구회)

펴 낸 곳 | (주)가나문화콘텐츠
펴 낸 이 | 김남전
편 집 장 | 유다형
편   집 | 이보라 설예지 김아영
외 주 편 집 | 이정화
디 자 인 | 양란희
마 케 팅 | 정상원 한웅 정용민 김건우
관   리 | 임종열

출 판 등 록 | 2002년 2월 15일 제10-2308호
주   소 | 경기도 고양시 덕양구 호원길 3-2
전   화 | 02-717-5494(편집부) 02-332-7755(관리부)
팩   스 | 02-324-9944
홈 페 이 지 | www.ganapub.com
이 메 일 | ganapub@naver.com

ISBN 978-89-5736-773-5 (74900)
ISBN 978-89-5736-750-6 (세트)

*책값은 뒤표지에 표시되어 있습니다.
*이 책의 내용을 재사용하려면 반드시 (주)가나문화콘텐츠의 동의를 얻어야 합니다.
*잘못된 책은 구입하신 서점에서 바꾸어 드립니다.

*'가나출판사'는 (주)가나문화콘텐츠의 출판 브랜드입니다.

「이 도서의 국립중앙도서관 출판시도서목록(CIP)은 서지정보유통지원시스템 홈페이지(http://seoji.nl.go.kr)와 국가자료공동목록시스템(http://www.nl.go.kr/kolisnet)에서 이용하실 수 있습니다.(CIP제어번호: CIP2016003574)」

- 제조자명 : (주)가나문화콘텐츠
- 주소 및 전화번호 : 경기도 고양시 덕양구 호원길 3-2 / 02-717-5494
- 제조연월 : 2022년 4월 18일
- 제조국명 : 대한민국
- 사용연령 : 4세 이상 어린이 제품

가나출판사는 당신의 소중한 투고 원고를 기다립니다. 책 출간에 대한 기획이나 원고가 있으신 분은 이메일 ganapub@naver.com으로 보내주세요.

한국사까지 저절로 공부되는
역사 이야기

초등 통째로 이해되는 세계사 ③

로마 제국과
진·한 제국

기원전 8세기
~서기 5세기

글 김상훈 그림 최현묵
감수 남동현, 나상집 (경기도 중등역사과교육연구회)

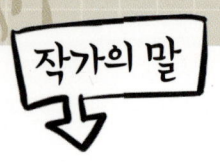

제국의 시대를 연 로마 제국과 진·한 제국

유럽에서 처음 문명이 싹튼 나라는 그리스였어요. 그리스 문명이 유럽 문명의 시작인 셈이에요. 그리스 문명을 바탕으로 로마가, 로마 문명을 바탕으로 서유럽의 문명이 발전했어요. 그래서 그리스 문명을 '유럽 문명의 어머니'라고 불러요.

그리스 문명을 이어받은 나라는 이탈리아 반도에 있는 로마였어요. 로마 건국의 이야기도 트로이 전쟁에서 시작된답니다. 로마는 처음에는 왕이 다스리는 왕정이었는데, 뒤에 귀족들이 다스리는 공화정으로 바뀌었어요. 그렇지만 로마는 오랫동안 귀족파와 평민파가 갈라져 싸웠답니다. 귀족파와 평민파의 싸움은 카이사르의 등장으로 끝이 났어요. 그러면서 로마 공화정이 끝나고 황제가 다스리는 제국의 시대가 시작됐어요. 카이사르의 뒤를 이은 아우구스투스가 로마 제국의 황제가 됐거든요. 로마 제국은 유럽 최초의 제국이에요. 로마가 멸망한 뒤에는 유럽의 중심은 지금의 독일과 프랑스가 있는 서유럽으로 옮겨 갔어요.

동양은 유럽과 다른 방식으로 역사가 발전했어요. 아주 오래전부터 중국은 아시아 최고의 강국이었어요. 기원전 11세기 무렵에 중국에는 주가 들어섰어요. 주의 왕은 스스로를 하늘의 아들이라는 뜻의 '천자'라고 불렀지요. 중국은

주부터 20세기 초반 청이 멸망할 때까지, 약 3000년간 동아시아, 나아가 아시아의 중심 국가였어요.

　중국이 제국이라고 불리기 시작한 것은 기원전 3세기에 진이 중국을 통일한 이후부터예요. 진에 이어 한이 들어서면서 제국의 뿌리는 더욱 굳건해졌지요. 항우와 유방의 이름을 들어본 적이 있나요? 이들이 〈초한지〉의 주인공이랍니다. 항우는 뛰어난 장수였지만 오만했기에 유방에게 졌어요. 결국 유방이 한을 건설했지요. 한은 진의 뒤를 이어 제국으로 발전했어요. 전통적인 중국 민족을 한족이라 부르고, 중국의 문화를 한문화라고 부르는 것은 한나라 이후예요.

　역사를 살펴보다 보면 흥미로운 점이 있어요. 유럽과 동아시아에서 제국이라고 부를 만한 강국이 거의 동시에 발전했다는 거예요. 로마가 이탈리아 반도를 통일했을 때, 진이 중국을 통일했어요. 로마가 군인 황제 시대를 겪으면서 큰 혼란에 빠졌을 때, 중국에서도 조조, 손권, 유비가 천하를 놓고 싸우는 삼국 시대가 펼쳐진답니다. 이들이 소설 〈삼국지〉의 주인공이랍니다.

　지금부터 로마 제국과 중국의 역사를 하나씩, 더 자세히 알아보아요. 기원전 8세기부터 서기 5세기 무렵까지의 역사 여행을 출발해 볼까요?

용어로 한번에 정리 쏙!

〈로마 제국과 진·한 제국〉을 읽을 때 나오는 세계사 용어예요. 기원전 8세기부터 서기 5세기까지의 역사가 펼쳐져요. 이 책을 읽기 전에 세계사 용어를 익혀 두면 역사가 훨씬 재미있을 거예요.

제국

황제가 다스리는 나라를 가리키는 말이에요. 황제는 왕이나 제후를 거느리고 나라를 다스리는 지배자로, 왕이나 제후와 구별하여 이르는 말이에요. 제국을 가리키는 영어인 엠파이어(empire)는 라틴 어에서 나왔어요. 어떤 나라가 '제국'으로 불리려면 다른 민족이나 나라를 정복하여 영토를 넓혀야 해요. 또한 정복당한 민족이나 나라의 문화와 생활에 영향을 끼쳐야 하지요. 고대 이집트, 페르시아, 로마 등이 대표적인 제국이에요. 중국에서는 처음으로 중국을 통일한 진이 첫 번째 제국이에요. 황제라는 말은 춘추·전국 시대를 통일한 진의 시황제가 처음으로 썼답니다.

공화정

국민이 뽑은 대표자 또는 대표 기관의 의견과 뜻에 따라 주권을 행사하는 정치를 말해요. 주권은 중요한 나랏일을 가장 마지막으로 결정하는 권력을 가리켜요. 따라서 공화정에서는 나랏일을 처리할 때 한 사람이 마음대로 결정할 수 없어요. 국민이 뽑은 대표자들의 의견과 뜻을 모아 결정해야 해요. 이에 비해 왕정은 왕이 모든 나랏일을 결정하는 것이에요.

로마의 평화 기원전 27년에 아우구스투스 황제가 즉위한 이후부터 약 200년 동안 로마가 평화를 누리던 시대를 가리켜요. 이때 로마 제국은 상업이 발전하고, 이민족의 침입이 적었으며, 국방도 튼튼했어요. 평화의 기운은 스코틀랜드·북아프리카·페르시아까지 퍼졌어요. 로마의 평화 시대는 '팍스 로마나'라고도 해요. 이때 황제들은 자식이 아니라 황제가 될 만한 자질을 가진 사람을 후계자로 정해 황제 자리를 넘겨주었어요.

크리스트교 팔레스타인에서 태어난 예수가 창시한 종교예요. 세상을 창조한 유일신을 섬기고, 예수를 구세주로 믿어요. 팔레스타인에서 일어나 로마 제국의 국교가 되었고, 다시 페르시아·인도·중국 등지에 전해졌어요. 11세기에 로마 가톨릭 교회와 그리스 정교회로 갈라지고, 16세기에 로마 가톨릭 교회가 가톨릭교와 신교로 갈라졌어요.

군현제 전국을 군(郡)으로 가르고 이를 다시 현(縣)으로 갈라, 중앙 정부에서 지방관을 보내어 직접 다스리던 제도예요. 진(秦)의 시황제가 늘어난 영토와 백성들을 효과적으로 다스리려고 실시했어요. 천자에게 땅을 받은 제후가 그 땅을 대를 이어 다스리던 봉건제와 달리 군과 현에 파견된 지방관은 대를 이어 그 땅을 다스리지 못했어요. 우리나라는 삼국 시대에 들여와 실시했어요.

군국제 **한 초기에 실시한 지방 통치 제도**예요. 주의 봉건제와 진의 군현제를 섞은 것이에요. 한의 고조 유방은 주의 봉건제를 받아들여 초의 항우를 물리치고 중국을 통일하는 데 공을 세운 신하와 친척들에게 영토를 주고 그곳을 다스리도록 했어요. 이곳을 뺀 나머지 지역은 진의 군현제를 받아들여 군과 현에 지방관을 보내어 황제가 직접 다스렸어요.

유목 민족 **말이나 양 같은 가축을 키우면서 물과 풀을 찾아 옮겨 다니며 사는 민족**을 말해요. 유목 민족은 말을 잘 다루고, 활을 잘 쏘았으며 용감했어요. 흉노, 훈, 선비, 유연, 돌궐, 위구르, 거란, 여진, 몽골 등이 대표적인 유목 민족이에요. 유목 민족은 강한 지도력을 가진 지도자가 나타나면 힘을 길러 주변 지역을 정복했어요. 유목 민족의 이동에 따라 세계 역사가 많이 바뀌었어요.

비단길 **중국과 서아시아·지중해 연안 지방을 이어 주었던 고대의 무역로**예요. 실크로드(Silk Road)라고도 해요. 중국의 특산물인 비단이 이 길을 따라 중국 서쪽에 있는 여러 나라로 전해진 데서 온 말이에요. 비단길은 중국 한 때 처음 열렸고, 당 때 가장 활발하게 이용됐어요. 중국에서 시작해 타클라마칸 사막 주변을 따라 파미르 고원, 중앙아시아 초원을 지나 지중해 동쪽과 북쪽에 이르는 길이에요. 비단길을 통해서 동서 무역이 이루어졌고, 불교와 간다라 미술이 중국으로 들어왔어요.

간단 테스트

❶ 황제가 다스리는 나라를 무엇이라고 하나요?

❷ 국민이 선출한 대표자 또는 대표 기관의 의견과 뜻에 따라 주권을 행사하는 정치를 무엇이라고 하나요?

❸ 진의 시황제가 실시한 제도로, 전국을 군과 현으로 나눈 정치 제도를 무엇이라고 하나요?

❹ 군현제와 봉건제를 섞은 한 초기에 실시된 지방 통치 정책을 무엇이라고 하나요?

❺ 흉노, 훈, 선비, 유연, 돌궐 등의 민족을 무엇이라고 부르나요?

❻ 중국과 서아시아·지중해 연안을 이어 주었던 고대의 무역로로, 중국의 비단을 중국 서쪽에 있는 나라로 가져갈 때 이용된 이 길을 무엇이라고 하나요?

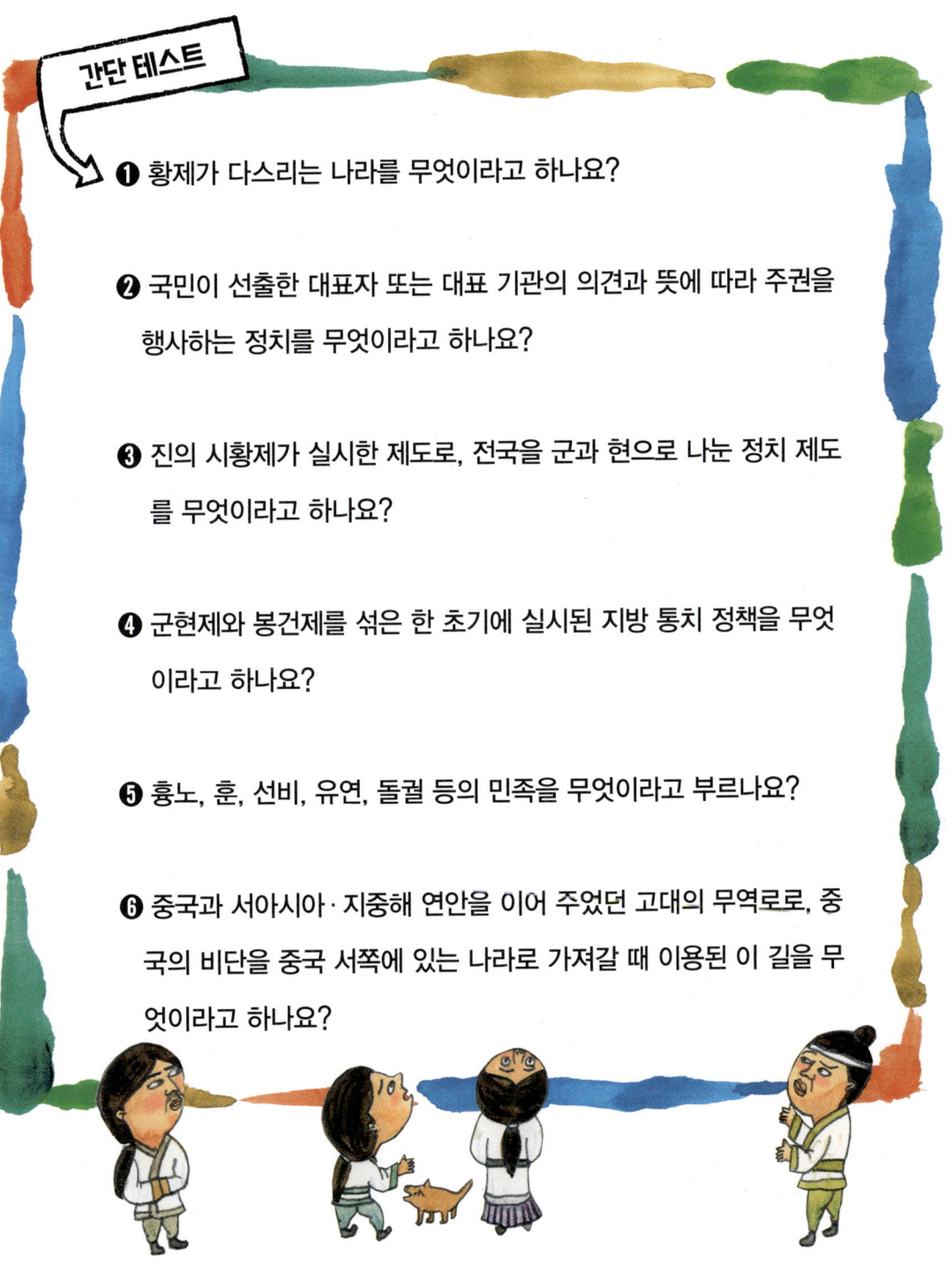

정답 ❶ 제국 ❷ 공화정치 ❸ 군현제 ❹ 군국제 ❺ 유목 민족 ❻ 비단길

지도 연표로 한눈에 정리 쏙! · 6
용어로 한번에 정리 쏙! · 8

1장 로마 공화정, 우뚝 서다!

늑대가 키운 형제가 로마를 세웠어요 · 18
로마가 이탈리아를 통일했어요 · 22
로마가 포에니 전쟁을 일으켰어요 · 26
그라쿠스 형제가 로마를 개혁하려고 했어요 · 32
스파르타쿠스가 반란을 일으켰어요 · 36
지도 위 세계사 | 로마에서 만나는 로마 제국 · 42

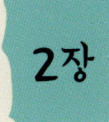

2장 카이사르와 로마 제국의 탄생

카이사르는 평민파였어요 · 46

카이사르가 갈리아 전쟁을 승리로 이끌었어요 · 50

카이사르가 모든 권력을 잡았어요 · 55

카이사르가 암살됐어요 · 60

아우구스투스가 로마 제국을 이끌었어요 · 65

지도 위 세계사 | 튀니지에서 만나는 로마 제국 · 70

3장 로마의 평화부터 서로마 멸망까지

로마 제국에 폭군이 등장했어요 · 74

'로마의 평화' 시대가 활짝 열렸어요 · 79

로마 제국이 갈라섰어요 · 84

서로마 제국이 멸망했어요 · 89

지도 위 세계사 | 이탈리아에서 만나는 로마 제국 · 94

 **4장 중국의 첫 통일 제국, 진**

진이 중국을 통일했어요 · 98

중국의 영토가 크게 넓어졌어요 · 101

시황제는 아방궁과 거대한 무덤을 만들었어요 · 107

시황제가 유학서를 불태웠어요 · 109

시황제가 죽고, 백성들은 반란을 일으켰어요 · 112

유방과 항우가 천하를 두고 다투었어요 · 114

유방이 중국의 새 주인이 됐어요 · 116

지도 위 세계사 | 중국에서 만나는 비단길 · 120

5장 한, 중국의 절정기를 맞다

무제가 영토를 넓히고 비단길을 개척했어요 · 124

무제가 경제와 문화를 발전시켰어요 · 129

왕망이 한을 무너뜨리고 신을 세웠어요 · 134

광무제가 한을 다시 세웠어요 · 137

종이와 지진계가 발명됐어요 · 140

지도 위 세계사 | 양쯔 강을 따라 떠나는 삼국지의 현장 · 146

6장 중국, 다시 혼란 속으로!

황건적의 난이 일어났어요 · 150

위, 촉, 오가 천하를 두고 다투었어요 · 156

진이 삼국을 통일했어요 · 160

위·진·남북조 시대가 시작됐어요 · 162

광개토 대왕이 고구려를 대제국으로 만들었어요 · 167

야마토 정권이 일본을 통일했어요 · 170

지도 위 세계사 | 서울, 공주, 부여에서 만나는 백제 · 172

세계사 정리 노트 · 174

찾아보기 · 184

기원전 753년경 로마 왕국 건설

기원전 264년 포에니 전쟁 시작

기원전 753년경	기원전 450년경
로마 왕국 건설	12표법 완성

1장
로마 공화정, 우뚝 서다!

로마는 유럽은 물론 서아시아와 북아프리카까지
지배한 광대한 제국이었어요.
하지만 로마가 처음부터 광대한 영토를 다스리는 제국은 아니었어요.
로마는 작은 도시 국가에서 출발했어요.
처음에는 왕이 있었지만 이내 왕을 몰아내고 귀족과 시민이
중심이 되는 국가로 탈바꿈했지요. 왕이 없는 국가를 '공화정'이라고 해요.
이번 장에서는 로마 공화정의 역사를 주로 살펴볼 거예요.

기원전 264년
포에니 전쟁 시작

기원전 73년
스파르타쿠스 반란 시작

늑대가 키운 형제가 로마를 세웠어요

로마의 역사를 이야기하려면 기원전 1200년 무렵에 있었던 트로이 전쟁부터 시작해야 돼요. 트로이 전쟁은 트로이의 왕자 파리스가 스파르타의 왕비 헬레네를 트로이로 데려가면서 벌어진 전쟁이었어요.

스파르타는 그리스 연합군을 결성하여 지금의 소아시아에 있는 트로이로 쳐들어갔어요. 트로이와 그리스 연합군은 10년이 넘도록 싸웠지요. 결국 트로이 전쟁은 그리스 연합군의 승리로 끝이 났어요. 이때 불에 휩싸인 트로이 성을 탈출한 사람이 있었어요. 바로 트로이의 용맹한 전사 아이네이아스였어요. **로마의 역사는 아이네이아스가 세운 작은 왕국에서 시작된답니다.**

트로이를 탈출한 아이네이아스는 7년을 떠돌아다니다가 이탈리아의 라티움에 작은 나라를 세웠어요. 아이네이아스의 후손들은 그 나라를 대대로 잘 다스렸어요.

어느덧 500년이 지났어요. 아물리우스가 아버지가 죽은 뒤 형인 누미토르를 쫓아내고 왕위를 차지했어요. 그리고 형의 외동딸인 레아 실비아를 결혼도 못하고 아이도 낳을 수 없도록 신전의 사제로 만들었어요. 아물리우스가 레아 실비아를 신전의 사제로 만든 데는 이유가 있었어요. 레아 실비아가 낳은 아이가 어른이 되면 자신을 왕위에서 쫓아낼 것이라는 신의 말씀을 들었기 때문이에요.

그럼 레아 실비아가 사제가 된 후 아물리우스의 왕위는 편안했을까요? 아니에요. 전쟁의 신인 마르스가 레아 실비아에게 반했거든요. 마르스와 사랑에 빠진 레아 실비아는 남자 쌍둥이를 낳았어요. 이 아이들이 로물루스와 레무스예요.

아물리우스는 신의 말씀대로 쌍둥이가 왕위를 뺏으면 어쩌나 하는 불안감으로 레아 실비아를 가두고, 로물루스와 레무스는 테베레 강에 버렸어요. 하지만 쌍둥이는 죽지 않았어요. 강물에 둥둥 떠다니다 한 언덕에 닿았는데, 그곳에 있던 늑대가 쌍둥이에게 젖을 먹여 키웠거든요. 늑대 덕분에 목숨을 구한 거지요.

어느 날, 양치기가 쌍둥이를 발견해 그들을 데려가 키웠어요. 쌍둥이는 무럭무럭 자랐어요. 어른이 된 쌍둥이는 아물리우스와 싸워 이겼어요. 쌍둥이는 할아버지 누미토르를 모셔와 왕위를 찾아

앗! 늑대의 젖을 먹고 있는 쌍둥이네!

주었어요. 결국 신의 말씀이 이루어진 거예요.

로물루스와 레무스는 팔라티노 언덕으로 가서 나라를 세웠어요. 하지만 얼마 가지 않아서 로물루스와 레무스 사이에 싸움이 벌어졌어요. 로물루스가 레무스를 없애고 왕이 됐지요. 이 나라가 로마예요. 로마는 로물루스에서 나온 이름이에요. 이때가 기원전 753년이라고 해요.

이 이야기가 로마 건국 신화예요. 단군 신화처럼 로마 건국 신화도 실제로 있던 이야기가 아니에요. 그렇다면 실제로 로마는 언제 어떻게 세워진 나라일까요?

기원전 9세기에서 기원전 8세기 무렵, 로마 중부의 테베레 강에 사람들이 몰려들었어요. 테베레 강가 주변에는 7개의 언덕이 있어요. 그중 팔라티노 언덕에 가장 먼저 마을이 들어섰어요. 이윽고 나머지 6개의 언덕

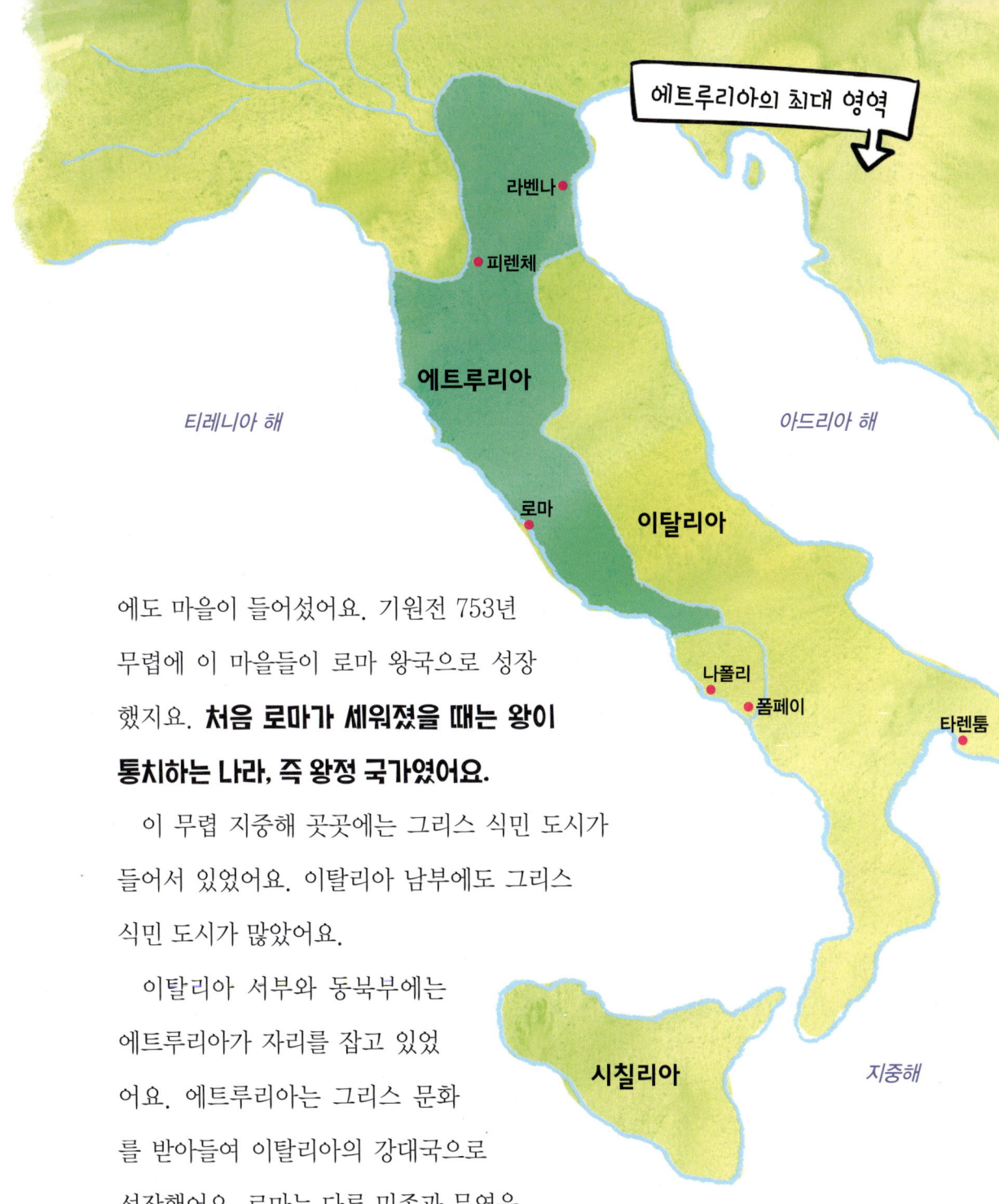

에도 마을이 들어섰어요. 기원전 753년 무렵에 이 마을들이 로마 왕국으로 성장했지요. **처음 로마가 세워졌을 때는 왕이 통치하는 나라, 즉 왕정 국가였어요.**

이 무렵 지중해 곳곳에는 그리스 식민 도시가 들어서 있었어요. 이탈리아 남부에도 그리스 식민 도시가 많았어요.

이탈리아 서부와 동북부에는 에트루리아가 자리를 잡고 있었어요. 에트루리아는 그리스 문화를 받아들여 이탈리아의 강대국으로 성장했어요. 로마는 다른 민족과 무역을 하며 힘을 키우고 있었지만 에트루리아의 상대가 되지 않았어요.

로마 왕정은 약 250년간 계속됐는데, 그동안 일곱 왕이 있었어요. 그런데 일곱 왕 중 다섯 번째부터 에트루리아 사람이 로마의 왕이 됐어요. 이때부터 로마는 에트루리아의 지배를 받았던 거예요. 그렇지만 로마는 에트루리아뿐만 아니라 이탈리아 남부에 있는 그리스 식민 도시들로부터 우수한 문화를 쏙쏙 받아들였어요. 그 결과 로마는 점점 힘을 키워서 기원전 509년에는 에트루리아 출신의 왕을 몰아낼 수 있었어요.

그 뒤 로마에는 왕이 없었어요. 그렇다면 누가 로마를 통치했을까요? 바로 귀족들이었어요. 이때부터 **로마는 귀족이 다스리는 공화정이 되었답니다.** 보통 '로마' 하면 로마 황제가 다스리는 '로마 제국'을 떠올리지만 실제로는 오랫동안 공화정을 이어 갔어요.

로마가 이탈리아를 통일했어요

로마 공화정의 최고 통치자는 집정관이었어요. 집정관은 '콘술'이라고 해요. 집정관은 나라에서 일어나는 모든 일을 처리하고, 군대를 이끌었어요. 원로원과 민회를 소집할 권한도 가졌지요. 집정관은 두 명이었어요. 한 사람이 권력을 독차지하지 못하도록 하기 위해서였어요. 집정관의 임기는 1년이었어요. 이것도 한 사람이 권력을 독차지하는 것을 막기 위해서였어요. 해마다 1월에 민회를 열어 집정관 선거를 실시했어요. 전쟁처럼 나라에 큰일이 생기면 집정관 중에서 한 사람에게 모든 권한을 주기도 했어요.

원로원은 귀족들의 회의 기구였어요. 원로원에서는 법을 만들고 집정관이 하는 일에 관한 자문을 했어요. 원로원의 의원은 죽을 때까지 할 수 있었어요. **로마 공화정 초기에는 로마의 중요한 모든 일은 집정관과 원로원이 결정했어요.**

평민들은 귀족들에게 점점 불만이 쌓였어요. 귀족들만 나라의 중요한 일을 맡아보는 자리를 차지할 수 있었고, 귀족과 평민은 결혼조차 할 수 없었거든요. 게다가 로마는 끊임없이 전쟁을 해야 했어요. 전쟁이 터지면 평민들은 전쟁터에 가야 했는데, 칼과 방패 같은 무기도 자신의 돈으로 마련해야 했지요.

이뿐만이 아니었어요. 로마의 평민들은 대부분 농민이었어요. 그런데 이들이 전쟁터에 나가면 농사를 지을 수 없게 되기 때문에 땅이 황폐해져서 귀족들에게 돈을 빌려야 했어요. 돈을 갚지 못하면 귀족들의 노예가 됐어요. 그렇다고 전쟁터에서 뺏은 전리품을 많이 가질 수 있는 것도 아니었어요. 전리품은 귀족들이 훨씬 많이 차지했지요.

평민들은 이런 문제를 해결해 줄 것을 원로원에 요구했어요. 하지만 원로원은 들어주지 않았지요. 그러자 평민들이 짐을 싸고 로마 북동쪽에 있는 성산으로 들어가 버렸어요. 이것이 '성산 사건'이에요.

로마의 귀족들은 큰 혼란에 빠졌어요. 생각해 보세요. 평민이 없으면 누가 전쟁에 나가 싸울 것이고, 누가 농사를 짓겠어요? 또 누가 장사를 하겠어요? 그러니 귀족들은 평민들의 요구를 들어줄 수밖에 없었지요. 성산 사건 이후에 로마는 많은 게 달라졌어요.

첫째, 호민관 제도가 마련됐어요. 호민관은 평민 중에서 선출했는데, 집정관에 맞설 수 있을 만큼 권력이 강했어요. 둘째, 평민으로만 구성된 평민회가 만들어졌어요. 평민회의 의장은 호민관이었어요. 셋째, 귀족들이 평민을 함부로 대하지 못하도록 법을 만들었어요. 이 법을 '12표법'이라고 해요. 법 조항을 동판에 새겼다고 해서 '12동판법'이라고도 하지요.

12표법은 로마에서 처음 만든 성문법이에요. 성문법은 법 조항을 글자로 적어 놓은 법을 말하는데, 그전에는 오랫동안 로마에서 지켜 왔던 관습에 따라 나라를 다스렸어요. 하지만 **12표법이 제정된 이후에는**

법에 따라 나라를 다스려야 했어요. 그 뒤로 평민의 지위가 크게 높아졌어요. 기원전 4세기에는 귀족들이 지나치게 많은 토지를 소유할 수 없도록 하는 '리키니우스 법'도 만들어졌어요. 또한 집정관 중에서 한 명을 평민 중에서 뽑도록 했어요. 평민이 귀족만큼 큰 권력을 갖게 된 거예요.

로마는 거칠 것이 없었어요. 로마는 계속해서 정복 전쟁을 치르며 영토를 빠르게 넓혔어요. 그 결과 기원전 4세기 후반쯤에 이탈리아 중부 지방에서 가장 강한 나라가 될 수 있었어요. 로마는 이어 이탈리아 남부에 있는 부유한 식민 도시 타렌툼과 전투를 벌여 승리했어요. 그리고 마침내 기원전 3세기 이탈리아 전체를 통일할 수 있었지요.

로마가 이탈리아 반도 전체를 통일할 수 있었던 것은 '로마 정신'과 '강한 군대' 덕분이었어요.

로마 사람들은 로마 인이라는 강한 자부심을 가지고 있었어요. 마치

그리스 사람들이 '헬레네스'라는 자부심이 있었던 것과 같아요. 이것을 '로마 정신'이라고 해요. 로마 사람들은 로마 정신을 지키려고 평소에도 절약하며 성실하게 생활했어요.

로마 군대도 로마의 자랑거리였어요. 로마 군대는 훈련이 힘들고, 규율이 엄격하기로 유명했어요. 전투를 하다가 도망을 가거나 공격하라는 명령을 어기면 처형당했어요.

로마가 포에니 전쟁을 일으켰어요

로마는 이탈리아 전체를 차지한 것으로 만족하지 않았어요. 지중해 지역 전체를 차지하고 싶었지요. 그러려면 넘어야 할 산이 있었어요. 바로 지중해의 절대 강자인 카르타고였어요. 카르타고는 기원전 9세기 중반에 지금의 북아프리카 튀니스에 세워진 도시 국가로, 지중해 동부 해안 지역에 있었던 페니키아의 식민 도시였지요. 해상 무역으로 유명했던 페니키아는 오래전에 멸망했는데, 식민 도시인 카르타고가 살아 남아 번영을 이룬 거예요.

로마는 이탈리아 반도를 통일할 때까지 강대국인 카르타고와 싸우지 않으려고 했어요. 미리 카르타고와 평화 협정을 체결하기도 했지요. 하지만 **로마가 이탈리아를 통일한 후에는 카르타고와 싸울 수밖에 없었어요. 카르타고를 꺾어야 지중해를 차지할 수 있으니까요.**

싸움은 이탈리아 남쪽에 있는 시칠리아 섬에서 시작됐어요. 이 섬에는 시라쿠사와 메시나라는 도시 국가가 있었어요. 시라쿠사와 메시나는 사이가 썩 좋지 않았어요. 두 나라 사이에 전쟁이 터지자 먼저 카르타고가 시칠리아 섬에 군대를 보냈고, 이어 로마도 군대를 보냈어요.

시칠리아 섬에서 로마와 카르타고가 맞붙었어요. 이 전쟁이 바로

'포에니 전쟁'의 시작이었어요. 이때가 기원전 264년이에요. 로마는 카르타고 사람들을 낮추어서 '포에니'라고 불렀는데, 포에니 전쟁의 이름은 여기에서 나온 거예요.

제1차 포에니 전쟁은 23년간 계속됐어요. 로마가 시칠리아 섬을 넘어 북아프리카에 있는 카르타고까지 쳐들어갔어요. 로마는 비록 카르타고를 완전히 정복하지는 못했지만 카르타고의 항복을 받았어요. 로마는 시칠리아도 식민지로 삼았답니다. 카르타고는 10년 동안 로마에 보상금을 주어야 했어요.

이때 카르타고의 패배를 또렷하게 기억하는 소년이 있었어요. 이 소년

은 자라서 카르타고가 다스리는 카르타고노바의 총독이 됐어요. 카르타고노바는 지금의 에스파냐에 있었어요. 그는 냉정했고, 전투에서 패하는 법이 없었어요. 그래서 사람들은 그를 '전쟁의 신'이라고 불렀어요. 이 사람이 누구냐고요? 바로 카르타고의 영웅 한니발이에요. **한니발이 제1차 포에니 전쟁 때 카르타고의 패배를 갚고자 로마로 쳐들어가면서 제2차 포에니 전쟁이 시작됐어요.** 한니발이 로마를 어떻게 벌벌 떨게 만들었는지, 로마에서는 어떻게 한니발을 막았는지 들려줄게요.

기원전 218년, 한니발이 대군을 이끌고 로마로 쳐들어갔어요. 카르타고는 해군이 강한 나라였어요. 그러니 로마는 카르타고가 바다를 통해 침략해 올 줄 알았지요. 하지만 한니발은 코끼리 부대를 이끌고 피레네 산맥과 알프스 산맥을 넘어 로마로 쳐들어왔어요. 로마의 허를 찌른 셈이에요.

로마로 들어간 한니발은 거의 모든 전투에서 큰 승리를 거두었어요. 로마 사람들은 한니발의 이름만 들어도 벌벌 떨었어요. 한니발은 몇 년간 이탈리아를 누볐고, 여러 도시가 한니발에게 항복을 했어요. 로마가 큰 위기에 빠진 거예요.

이때, 위기에 처한 로마를 구할 영웅이 나타났어요. 로마의 장군 스키피오예요. 스키피오는 한니발을 이기려면 한니발의 근거지인 카르타고노바를 먼저 정복해야 한다고 생각했어요. 스키피오는 5년에 걸쳐 카르타고노바가 있는 에스파냐를 계속해서 공격했고 마침내 카르타고노바를 정복하는 데 성공했지요.

스키피오는 여기에서 멈추지 않았어요. 한니발을 완전히 꺾기 위해 카르타고로 쳐들어가기로 했어요. 카르타고가 위험에 빠지면 한니발이 카르타고를 구하러 올 거라고 생각한 거예요. 스키피오의 생각이 맞아떨어졌어요. 스키피오가 카르타고를 공격하자 카르타고에서는 로마에 있는 한니발에게 도움을 요청했지요.

기원전 202년, 스키피오와 한니발의 군대가 카르타고의 자마에서 마지막 전투를 치렀어요. 이 전쟁에서 스키피오가 이겼어요. 한니발은 카르타고를 탈출했지만 얼마 뒤 스스로 목숨을 끊었답니다.

로마를 벌벌 떨게 했던 영웅, 한니발은 끝내 로마를 이기지 못했어요. 이렇게 해서 제2차 포에니 전쟁이 끝이 났어요.

그로부터 50여 년이 흘렀어요. 기원전 149년에 로마는 대부대를 이끌고 카르타고를 공격했어요. 왜 그랬을까요? 로마는 카르타고가 다시 강해져 로마로 쳐들어올까 봐 두려웠던 거예요. 다시는 로마를 넘볼 생각을 하지 못하도록 만들기 위해서였어요.

제3차 포에니 전쟁을 지휘한 로마 장군의 이름은 '스키피오'예요. 물론 50여 년이 흘렀으니 제2차 포에니 전쟁을 승리로 이끈 스키피오는 아니에요. 그래서 제2차 포에니 전쟁을 지휘한 스키피오를 대(大)스키피오, 제3차 포에니 전쟁을 지휘한 스키피오를 소(小) 스키피오라고 해요.

로마의 공격은 3년간 계속됐어요. 카르타고의 모든 도시는 불에 타 버렸고, 시민들은 노예로 팔려 나갔어요. 이로써 **포에니 전쟁은 로마의 완전한 승리로 끝이 났어요.** 물론 지중해 일대는 로마의 차지가 됐고, 카르타고는 역사에서 완전히 사라졌어요.

로마는 포에니 전쟁이 후반부로 접어들 무렵부터 알렉산드로스 대왕이 사망한 뒤에 세워진 헬레니즘 왕조들을 정복하기 시작했어요. 기원을 전후할 무렵에는 헬레니즘 왕조의 모든 영토를 차지했지요. 이제, 로마 공화정 이야기를 좀 더 해 볼게요.

그라쿠스 형제가 로마를 개혁하려고 했어요

　로마는 운이 좋은 나라라고 할 수 있어요. 기원전 4세기 중반에 마케도니아의 알렉산드로스 대왕은 정복 전쟁에 나섰어요. 알렉산드로스 대왕은 먼저 그리스 전 지역을 정복했고, 이어 소아시아와 아프리카 북부를 정복했어요. 그다음에는 페르시아 제국의 근거지인 서아시아를 정복했고, 멀리 인도까지 쳐들어가 펀자브 지방을 차지했어요. 그 결과 알렉산드로스 대왕은 그리스, 서아시아, 북아프리카를 정복해 세계 제국을 건설했지요. 그 지역에는 그리스 문화와 오리엔트 문화가 합쳐진 새로운 문화가 싹텄어요. 이 문화를 '헬레니즘 문화'라고 하고, 알렉산드로스 대왕이 정복한 나라를 '헬레니즘 제국'이라고 해요.

　알렉산드로스 대왕은 페르시아를 정복하고 싶어 했기 때문에 그리스 동쪽으로 정복 전쟁을 떠났어요. 그래서 알렉산드로스 대왕의 정복 전쟁을 '동방 원정'이라고 부르지요. 만약에 알렉산드로스 대왕이 그리스 서쪽으로 정복 전쟁을 떠났다면 로마의 역사는 바로 끝나 버렸을지도 몰라요. 로마 군대는 알렉산드로스 대왕을 막기 힘들었을 거예요.

　로마의 행운은 여기서 그치지 않았어요. 알렉산드로스 대왕이 기원전 323년에 사망했거든요. 알렉산드로스 대왕의 죽음으로 헬레니즘 제국이 몇 개의 왕조로 쪼개졌어요. 로마는 뿔뿔이 흩어진 헬레니즘 왕조들을 하나씩 정복했답니다. 이렇게 해서 **로마의 영토는 하루가 다르게**

넓어졌어요. 포에니 전쟁에서 승리한 뒤로는 지중해 일대가 로마의 차지가 됐어요.

　로마의 영토가 넓어지면서 정복지에서 많은 물자와 노예가 로마로 쏟아져 들어오기 시작했어요. 로마는 점점 부유해졌지요. 하지만 모든 로마 사람이 부자가 된 건 아니에요. 귀족들만 더 부유해졌어요. 귀족들은 전리품을 챙기고, 많은 노예를 데려갔어요. 귀족들은 '라티푼디움'이라고 불리는 대농장을 운영했고, 그 농장에서 노예들이 힘들게 일을 했지요. 농장이 있는 귀족은 점점 부유해졌어요. 이에 비해 평민들은 계속해서 전쟁에 나가야 했기 때문에 농사도 짓지 못했어요. 평민들은 점점 가난해졌어요. 로마의 빈부 격차가 점점 심해지고 있었지요.

로마 농민들은 가난했지만 자유로웠어요. 그런데 빈부 격차가 점점 심해지면서 농민들 가운데 일부는 땅을 팔고 귀족들의 노예가 되기도 했어요. 가난한 로마 농민의 삶이 정말 힘들어졌답니다.

기억하나요? 성산 사건 이후에 평민들 가운데 호민관을 선출하게 됐다고 했어요. 기원전 133년에 한 젊은이가 호민관이 됐어요. 그의 이름은 '티베리우스 그라쿠스'였어요. **티베리우스 그라쿠스는 농민들의 어려운 삶을 해결하려고 개혁을 실시했어요.** 호민관도 집정관만큼 권한이 강했거든요.

티베리우스 그라쿠스는 귀족들이 땅을 모두 차지해서 농민들의 삶이 더 어려워지고, 결국 로마의 뿌리까지 흔들릴 수 있다고 생각했어요. 이를 해결하려면 토지 개혁을 실시해서 가난한 농민들에게 땅을 나눠 주어야 한다고 주장했지요. 이때 티베리우스 그라쿠스가 로마 시민들에게 한 연설은 명연설로 남아 있어요. 그 연설의 일부를 들려줄게요.

"한낱 짐승들도 제 살 곳이 있습니다. 하지만 로마를 위해 목숨을 걸고 싸우고 있는 여러분은 어떻습니까? 손바닥만 한 땅도 가지고 있지 못합니다. 농민이 가진 거라고는 오직 햇빛과 공기뿐입니다. 집도 없고 땅도 없이 아내와 자식들을 데리고 떠돌아다닐 수밖에 없습니다. 병사들은 용감하게 싸웠고 용감하게 죽었습니다. 그것은 그들 자신을 위해서가 아니라 다른 사람들의 재산과 행복을 지키기 위해서였습니다. 로마 시민은 이제 승리자이고, 세계의 지배자입니다. 하지만 현실은 어떻습니까? 로마 시민은 이제 자기 것이라고는 흙 한 줌 갖고 있지 않습니다."

호민관이 된 티베리우스 그라쿠스는 땅이 없는 농민에게 땅을 나누어 주는 법을 만들려고 했어요. 하지만 대농장을 경영하는 귀족들이 이 법을 좋아할 리가 없잖아요? 티베리우스 그라쿠스가 이 법을 밀어붙이자 귀족들은 그를 암살해 버리고 말았어요.

결국 티베리우스 그라쿠스의 개혁은 끝이 났어요. 하지만 완전히 실패한 건 아니었어요. 10년 후인 기원전 123년, 티베리우스 그라쿠스의 동생인 가이우스 그라쿠스가 호민관에 선출됐거든요. 가이우스 그라쿠스는 형의 뜻을 이어받아 다시 토지 개혁을 실시하려고 했어요. 가난한 평민들에게 나라 소유의 땅을 나눠 주고, 정복지에서 식량을 들여와 가난한 평민들에게 싼 가격에 팔았어요. 또 병사들에게 군복을 무료로 나눠 주었으며 열일곱 살이 안 된 시민을 전쟁터에 보낼 수 없도록 했어요. 그는 이어 정복지 사람들에게도 평등하게 로마 시민권을 주려고 했어요. 그러자 이를 반대하는 로마 사람들이 폭동을 일으켰어요. 정복지의 사람들이 자신들과 같은 권리를 갖는다는 것을 받아들일 수 없었거든요. 궁지에 몰린 가이우스 그라쿠스는 스스로 목숨을 끊었어요.

결국 **그라쿠스 형제의 개혁은 실패로 끝이 났어요. 로마가 상당히 혼란스러워졌어요.** 로마는 귀족파와 평민파로 갈라져 권력 다툼을 벌이기 시작했어요. 귀족파는 원로원을 중심으로 활동했어요. 귀족파는 '벌족파'라고도 해요. 로마 공화정에 큰 위기가 찾아왔어요.

스파르타쿠스가 반란을 일으켰어요

기원전 107년에 농민 출신인 마리우스가 집정관에 올랐어요. 그라쿠스 형제의 개혁이 실패로 끝나기는 했지만 그동안 평민의 권력이 많이 강해졌어요. 마리우스는 수차례 집정관을 맡으면서 평민을 위한 정치를 하려고 했어요. 하지만 그의 뜻대로 되지는 않았어요. 귀족들의 방해가 심했거든요.

마리우스의 부하 중에 술라라는 인물이 있었어요. 술라는 귀족의 편에 서서 마리우스에 맞섰어요. 이때부터 **로마에서는 마리우스를 따르는 '평민파'와 술라를 따르는 '귀족파'가 대결을 벌였어요.**

술라가 전쟁터로 떠난 사이 로마에 남아 있는 평민파가 폭동을 일으켰어요. 처음에는 평민파가 승리하는 듯했어요. 하지만 전쟁터로 떠났던 술라가 곧바로 군대를 이끌고 로마로 돌아왔어요. 평민파와 귀족파 사이에 전쟁이 벌어졌어요. 로마 내전이 터진 거예요. 평민파와 귀족파는 몇 년간 치열하게 싸웠어요. 싸움이 계속되면서 로마 인들의 자부심이었던 로마 정신도 사라졌어요. 귀족과 장교들은 돈을 주고 군인을 고용했고, 돈을 받은 군인들은 평민들과 싸웠어요. 결국 귀족파가 내전에서 승리했어요. 술라는 평민파 4700여 명의 이름을 적은 장부를 만들어 놓고는 한 명씩 죽였어요.

기원전 81년에 술라가 종신 독재관이 됐어요. 종신 독재관은 죽을 때까지 모든 권력을 차지할 수 있는 자리였어요. 왕과 마찬가지였지요. 종신 독재관이 된 술라는 평민을 위해 만든 법을 모두 없애 버렸어요. 평민 중에서 뽑는 호민관의 권한도 줄여 버렸지요. 당연히 귀족들의 권력은 더욱 커졌어요.

이 무렵 히스파니아에서 반란이 일어났어요. 히스파니아는 오늘날 에스파냐가 있는 이베리아 반도에 있었어요. 반란군은 제2의 로마를 세웠다고 선포했어요. 반란을 막기 위해 로마에서 히스파니아로 군사를 보냈어요. 이때 로마군을 지휘한 인물이 폼페이우스였어요. 술라에 이어 권력을 잡은 인물이지요.

폼페이우스가 히스파니아에서 몇 년에 걸쳐 반란을 막고 있을 때 이탈리아 남부에 있는 카푸아 근교에서 또 다른 반란이 일어났어요. 기원전 73년 일어난 이 반란을 '스파르타쿠스의 난'이라고 해요.

당시 **로마에서 가장 인기가 있는 스포츠는 검투사 경기였어요.** 검투사들은 경기장에서 검투사끼리 싸우거나 맹수와 싸워야 했어요. 스파르타쿠스는 카푸아에서 활동하던 검투사였어요. 검투사들은 경기를 하다가 종종 목숨을 잃기도 했어요. 그러니 주로 노예 중에서 뽑았지요. 스파르타쿠스는 작

은 나라의 왕족이었는데, 노예가 된 것으로 전해져요. 로마 전체를 휩쓴 스파르타쿠스의 반란 이야기를 들려줄게요.

스파르타쿠스는 동료 검투사 70여 명과 함께 반란을 일으켰어요. 이들은 검투사 수용소를 탈출해 군대를 만들었어요. 스파르타쿠스가 이끄는 반란군에 로마에 불만이 많던 농민, 빈민, 노예가 속속 들어왔어요. 반란군은 곧 수만 명으로 늘어났지요.
로마 군대가 스파르타쿠스가 이끄는 반란군을 막으러 나섰어요.

하지만 반란군을 꺾을 수 없었어요. 로마의 귀족과 원로원은 걱정이 이만저만이 아니었어요. 스파르타쿠스의 반란군이 곧 로마로 쳐들어올 것이 뻔했거든요.

원로원은 로마에서 가장 부자인 크라수스에게 스파르타쿠스의 반란을 막아 달라고 했어요. 크라수스는 스파르타쿠스의 반란을 진압하면 정치인으로서 큰 명성을 얻을 거라고 생각했지요. 그 때문에 엄청난 돈을 들여 군대의 힘을 키웠어요.

로마의 원로원이 만반의 준비를 갖추고 있는 반면 스파르타쿠스의 반란군은 갈수록 지쳐 갔어요. 훈련을 받은 군대가 아니어서 규율도 엄격하지 않았고, 모든 반란군을 먹여 살릴 만큼 식량이 넉넉하지도 않았지요.

스파르타쿠스는 원로원과 싸우지 않기로 했어요. 그 대신 이탈리아 남쪽에 있는 시칠리아 섬으로 가서 살기로 했어요. 하지만 스파르타쿠스와 반란군은 바다를 건너지 못했어요. 길목에서 기다리던 크라수스의 군대에 크게 패하고 말았거든요.

스파르타쿠스 반란군은 다시 북쪽으로 도망갔어요. 하지만 그곳에는 크라수스보다 더 무서운 인물인 폼페이우스가 기다리고 있었어요. 폼페이우스는 히스파니아 반란을 진압하고 로마로 돌아오는 길이었어요. 그러니 결과는 불을 보듯 뻔했어요. 폼페이우스는 스파르타쿠스와 반란군을 단번에 진압해 버렸어요.

이렇게 해서 스파르타쿠스 반란은 끝이 났어요. 폼페이우스와 크라수스가 스파르타쿠스의 반란을 막아 낸 뒤에 로마의 새 영웅으로 떠올랐어요. 이듬해인 기원전 70년, 폼페이우스와 크라수스는 공동 집정관에 선출됐어요. 이때 폼페이우스의 나이는 서른여섯 살이었어요. 집정관은 마흔 살이 넘어야 출마할 수 있었는데, 서른여섯 살에 집정관에 선출된 것을 보면 폼페이우스의 인기와 권력이 정말 대단했다는 것을 알 수 있지요.

하지만 폼페이우스도 긴장을 늦출 수는 없었어요. 곧이어 로마에 무서운 정치인이 등장했거든요. 그가 바로 카이사르랍니다. 카이사르의 등장으로 로마의 정치가 다시 한 번 크게 달라지지요. 다음 장에서 로마에서 가장 유명한 인물인 카이사르를 만나 보아요.

지도 위 세계사

로마에서 만나는 로마 제국

로마 제국의 중심지는 이탈리아 로마였어요. 로마에는 어느 곳보다 로마 제국의 유적과 유물이 많아요. 그래서 많은 사람이 가고 싶은 여행지로 로마를 꼽지요. 로마 제국의 영광이 남아 있는 로마로 떠나 보아요.

출발
● 판테온 신전
● 포럼 로마눔
● 콜로세움
● 팔라티노 언덕
● 콘스탄티누스 개선문

테베레 강

판테온 신전

로마 제국의 장군이었던 아그리파가 만들고, 하드리아누스 황제가 다시 건축하였어요. 판테온은 '모든 신에게 바치는 신전'이란 뜻이에요. 원래는 로마의 모든 신에게 바치는 신전이었는데, 7세기에 크리스트교 사원이 되었어요. 오늘날 로마에서 가장 보존이 잘 돼 있는 고대 건축물이랍니다.

팔라티노 언덕

로마의 발상지예요. 로물루스가 이 언덕을 로마의 경계로 삼았다고 해요. 티베리우스 황제, 네로 황제, 베스파시아누스 황제 등의 궁전과 목욕탕, 수로 등 많은 유적이 남아 있어요.

포럼 로마눔

포럼 로마눔은 '로마의 광장'이라는 뜻으로, 그리스 아테네의 아고라처럼 사람들이 모여 토론을 하거나 장사를 하는 시장이었지요. 신전과 목욕탕, 상점 등이 있었어요. 이 광장에서 멀지 않은 곳에 로마의 발상지인 팔라티노 언덕이 있어요.

콜로세움

로마 제국 시절 검투사 경기가 열렸던 원형 경기장이에요. 5만~6만 명의 관중이 한꺼번에 경기를 구경할 수 있었어요. 지금은 경기장의 한쪽 부분이 무너져 있고, 지하가 드러나 있어요. 로마의 상징적인 고대 건축물이에요.

콘스탄티누스 개선문

콘스탄티누스 1세의 즉위 10년을 기념하여 원로원이 세운 문이에요. 콘스탄티누스가 막센티우스의 반란을 테베레 강 근처에서 격파한 것을 기념하여 만들었어요. 흰 대리석으로 되어 있고, 세 개의 문이 있어요. 벽면에는 여러 조각이 새겨져 있어요.

2장

카이사르와 로마 제국의 탄생

'가이우스 율리우스 카이사르!'
로마의 모든 역사를 통틀어 가장 중요한 이름이에요.
카이사르는 공화정을 제국으로 탈바꿈시켰어요.
그러나 카이사르는 황제에 오르지 못했어요.
로마 제국의 첫 황제는 카이사르의 후계자인
아우구스투스였어요. 수많은 이야기를 남겼고,
세계사의 한 페이지를 당당히 장식했던 두 인물,
카이사르와 아우구스투스의 이야기를 지금부터 시작할 게요.

기원전 31년
악티움 해전

기원전 27년
로마 제정 시작

카이사르는 평민파였어요

카이사르는 로마 역사에서 가장 중요한 인물이에요. **카이사르가 로마를 공화정에서 황제가 다스리는 제국으로 가는 길을 닦았거든요.** 카이사르가 로마 역사에 나타난 것은 귀족파와 평민파가 치열하게 싸울 때였어요. 당시에 귀족파인 술라가 평민파인 마리우스를 몰아내고 권력을 잡았는데, 술라는 평민파를 모조리 없애려고 평민파 중에서 죽여야 할 사람의 명단을 만들었어요. 카이사르도 그 명단에 들어 있었어요.

카이사르는 귀족이었지만 평민파였어요. 평민파의 우두머리였던 마리우스가 카이사르의 고모부였고, 카이사르의 아내가 평민파 지도자의 딸이었어요. 술라는 카이사르에게 죽지 않으려면 아내와 이혼하라고 요구했어요. 하지만 카이사르는 이를 거부했어요. 간신히 목숨을 건진 카이사르는 암살을 피해 도망쳤다가 술라가 죽은 뒤에야 로마로 돌아올 수 있었어요. 카이사르가 로마로 돌아온 것은 스물세 살 때였어요.

로마로 돌아온 카이사르는 변호사 일을 시작했어요. 귀족파들의 잘

못을 밝혀내서 유명해졌지요. 당연히 귀족들은 카이사르를 눈엣가시로 여겼고, 카이사르는 늘 암살 위협에 시달려야 했어요. 결국 카이사르는 암살 위협을 피하고 정치에 꼭 필요한 웅변술도 배우기 위해 유명한 웅변술 선생님들이 있는 로도스 섬으로 갔어요. 로도스 섬으로 가는 길에 카이사르의 성격을 알 수 있는 이야기가 전해요.

카이사르가 탄 배가 로도스 섬으로 가고 있을 때였어요. 해적선이 나타나 카이사르를 인질로 잡았어요. 해적들은 카이사르에게 20달란트를 주면 풀어 주겠다고 했어요. 20달란트가 오늘날에는 어느 정도의 가치가 있는지 정확하게 알 수 없어요. 다만 매우 큰돈이라는 것은 확실해요. 자신의 몸값을 들은 카이사르는 해적들을 비웃으며 말했어요.

"내 몸값이 고작 20달란트밖에 하지 않는다고? 나는 50달란트의 가치가 있는 사람이다. 몸값을 올려라!"

해적들은 당연히 카이사르의 요구를 들어주었어요. 그러자 카이사르가 말했어요.

"지금 너희들은 큰 실수를 하고 있다. 내가 살아서 돌아가면 반드시 너희들을 붙잡아 처형하겠다. 똑똑히 기억해라."

이윽고 목적지에 도착한 카이사르는 약속대로 해적들에게 50달란트를 주었어요. 해적들은 돈을 받고 수평선 너머로 사라졌어요. 카이사르는 즉시 군인들을 사서 해적선을 뒤쫓았어요. 그러고는 해적들을 모두 붙잡아서 죽였어요.

어때요? 카이사르의 배짱과 끈질긴 성격을 알 수 있지요. 그 뒤 카이사르는 무사히 유학을 마치고 3년 만에 로마로 돌아왔어요. 그러고는 곧바로 정치에 뛰어들었어요. 기원전 69년, 카이사르는 여러 공직 가운데 하나인 재무관으로 뽑혔어요.

재무관이 된 카이사르는 평민들의 편에 서서 정치를 했어요. 평민들은 카이사르를 따랐어요. 물론 그러면 그럴수록 귀족파는 카이사르를 미워했지요. 그렇지만 카이사르는 승승장구하여 기원전 62년에는 법무관이 되었어요. 법무관은 집정관에 이어 두 번째로 높은 자리였어요. 카이사르가 정치에 뛰어든 지 불과 몇 년 만에 로마의 거물 정치인으로 자리를 잡은 거예요.

법무관의 임기를 끝낸 뒤 카이사르는 지금의 에스파냐인 히스파니아의 총독으로 부임했어요. 카이사르는 히스파니아에서 열심히 일했고 사람들에게도 존경을 받았어요. 히스파니아 총독의 임기를 끝내고 로마로 돌아올 즈음, 카이사르는 집정관 선거에 도전하기로 결심했어요. 하지만 원로원의 반대가 매우 심했어요. 카이사르는 원로원과 싸우려면 다른 사람과 손을 잡아야 한다고 생각했어요.

카이사르는 유명한 정치인인 폼페이우스와 크라수스를 찾아갔어요. 폼페이우스는 수많은 전쟁을 승리로 이끌어 로마 시민 사이에 인기가 매우 높았고, 크라수스는 엄청난 부자였어요. 세 명은 몰래 약속을 맺었어요. 폼페이우스와 크라수스는 카이사르가 집정관에 당선되는 것을 도와주고, 카이사르는 집정관이 된 뒤에 폼페이우스와 크라수스가 원하는 법을 만들어 주기로 했어요.

기원전 59년, 마침내 카이사르가 집정관에 당선됐어요. 이제 **로마는 카이사르와 폼페이우스, 크라수스가 함께 다스리게 됐어요. 세 명이 함께 정치를 이끌었다고 하여 '삼두 정치'라고 불러요.** 첫 번째 삼두 정치는 약 10년간 이어졌어요.

카이사르가 갈리아 전쟁을 승리로 이끌었어요

　평민파는 원로원을 중심으로 한 귀족파와 치열하게 싸웠어요. 귀족파와 평민파가 싸우기 시작한 지도 어느덧 100여 년이 훌쩍 지났어요. 카이사르는 이 싸움이 로마의 번영을 막고 있다고 생각했지요. 그래서 귀족파와의 싸움을 끝내야겠다고 결심했어요.

　카이사르는 먼저 전쟁터에서 돌아온 병사와 가난한 사람들에게 땅을 나눠 주는 법을 만들었어요. 당연히 귀족파들이 모여 있는 원로원이 반대했지요. 카이사르는 이 법을 통과시키려고 원로원 회의장에 병사들을 들여보냈어요. 회의장 밖에서는 성난 평민들이 이 법을 통과시키라며 시위를 벌였어요. 결국 카이사르의 뜻대로 법을 만들 수 있었어요. 귀족파와의 첫 대결에서 카이사르가 승리를 거두었어요.

　집정관의 임기는 1년이었어요. 보통은 집정관을 끝내면 이탈리아 반도 밖에 있는 로마 영토의 총독으로 떠나야 했어요. 카이사르도 갈리아 지방의 총독이 되어 갈리아 지방으로 떠났어요. 갈리아는 오늘날의 북이탈리아, 프랑스, 벨기에 등을 가리켜요.

　갈리아 사람들은 용맹하기로 유명했어요. 로마도 갈리아 전 지역을 차지하지 못했어요. 갈리아 남부 지역을 지배하고 있을 뿐이었지요. 그러니 갈리아 총독은 위험한 자리일 수밖에 없었어요. 물론 좋은 점도 있

었어요. 갈리아 전 지역을 정복할 수 있다면 막대한 전리품을 얻을 수 있었고, 로마의 영웅이 될 수도 있었으니까요. 다시 말해서 갈리아 총독은 위험도 크지만 이익도 큰 자리였어요.

카이사르는 야망이 큰 사람이었어요. 그러니 조용히 갈리아 총독 노릇을 하다가 로마로 돌아갈 턱이 없지요. **카이사르는 갈리아 전 지역을 정복하기로 마음먹었어요. 이렇게 해서 시작된 것이 갈리아 전쟁이에요.** 카이사르가 갈리아와 그 주변 지역을 정복할 때 있었던 일들을 모두 기록한 책이 〈갈리아 전기〉예요. 〈갈리아 전기〉의 '전기'는 전투와 전쟁을 기록했다는 뜻이랍니다.

카이사르는 순조롭게 갈리아 지방을 정복해 나갔어요. 기원전 56년에는 카이사르의 군대가 북쪽으로 올라가 오늘날의 벨기에까지 차지할 수 있었어요. 서쪽으로는 대서양 연안까지 차지했지요. 갈리아 지방의 많은 땅을 정복한 셈이에요.

이 무렵 카이사르와 폼페이우스, 크라수스가 다시 만났어요. 이들이 삼두 정치를 하고 있다는 것을 기억하고 있지요? 카이사르와 폼페이우스, 크라수스는 각자 맡은 일을 다시 정리하기 위해 비밀 모임을 가진 거예요.

이들은 먼저, 카이사르의 갈리아 총독 임기를 늘렸어요. 왜 카이사르는 갈리아에 남아 있겠다고 했을까요? 갈리아보다 화려한 로마가 더 좋을 텐데……. 물론 이유가 있었어요. 첫째, 갈리아 전쟁을 완전히 끝내기 위해서였어요. 전쟁을 승리로 이끌면 큰 업적을 쌓게 되고, 로마 시민들 사이에 인기가 크게 올라갈 테니까요. 둘째, 로마 정치가 더 혼탁해졌기 때문이에요. 이때는 로마의 공화정이 몰락할 무렵이에요. 그러니 카이사르는 로마로 돌아가 봐야 귀족파의 공격만 심해질 거라고 생각했어요. 카이사르가 갈리아에 남는 대신 폼페이우스와 크라수스가 공동으로 집정관에 출마하기로 했어요. 폼페이우스와 크라수스는 집정관으로 뽑혔어요.

갈리아에 남은 카이사르는 갈리아 전쟁에 온 힘을 쏟았어요. 계속해서 갈리아 지역을 정복해 나갔지요. 기원전 55년에 카이사르는 군대를 이끌고 라인 강을 넘어 북해에 이르렀어요. 북해를 건너면 지금의 영국인 브리타니아에 도착해요. 카이사르 군대는 북해를 건넜어요. 브리타니아에는 켈트 족이 살았어요. 켈트 족은 키가 크고 용맹했어요. 온몸을 파랗게 칠하고 다녔지요. **카이사르의 군대는 켈트 족을 물리치고 브리타니아에 상륙했어요.** 하지만 곧 혹독한 겨울이 찾아왔어요. 카이사르는 브리타니아를 완전히 정복하지 못하고 군대를 되돌려야 했어요.

이듬해인 기원전 54년 봄, 카이사르는 더 많은 군사를 이끌고 다시 브리타니아로 쳐들어갔어요. 이번에는 브리타니아 중부 위쪽인 스코틀랜드 입구까지 올라갔어요. 사실 이때까지만 해도 브리타니아, 즉 지금의 영국은 아주 외딴 곳에 있는 작은 나라였어요. 문화 수준도 많이 낮았지요. 그랬던 영국이 로마의 브리타니아 원정을 통해 유럽 세계에 알려지기 시작했어요. 또한 로마의 우수한 문화를 받아들이면서 영국의 문화 수준도 높아졌지요.

카이사르는 게르마니아에 있는 게르만 족과 여러 번 싸웠어요. 게르만 족은 갈리아 사람들보다 더 사납고 용감했어요. 카이사르는 게르마니아를 정복하지는 못했지만 게르만 족이 갈리아 땅을 넘보지 못하도록 했어요.

다시 1년이 흘러 기원전 53년이 됐어요. 카이사르와 삼두 정치를 함께 했던 크라수스가 카스피 해 동쪽에 있는 파르티아와 싸우다 죽었어요.

파르티아는 알렉산드로스 대왕이 죽은 뒤 그리스 사람이 세운 나라였어요. 폼페이우스는 크라수스가 죽자 더 이상 카이사르와 함께할 필요가 없다고 생각하고, 귀족파와 손을 잡았어요. 결국 삼두 정치는 깨지고 말았지요.

카이사르에게는 참으로 힘겨운 시기였어요. 기원전 52년에는 갈리아의 영웅으로 불리는 베르킨게토릭스가 갈리아의 모든 부족을 모아 반란을 일으키는 바람에 이를 막느라 애를 먹었어요. 베르킨게토릭스가 이끄는 갈리아 부대는 30만 명에 이를 정도였어요. 카이사르도 베르킨게토릭스에게 몇 번씩이나 패했지요. 그렇지만 결국 카이사르가 승리했어요. **카이사르는 갈리아 반란을 진압했고, 베르킨게토릭스를 로마로 보내 처형했어요. 이 반란을 마지막으로 갈리아 전쟁이 끝이 났어요.** 이때가 우리나라 땅에 신라가 세워질 무렵이었어요. 중국에서는 한이 이어지고 있었지요.

카이사르가 모든 권력을 잡았어요

갈리아 전쟁의 승리로 카이사르는 순식간에 로마의 영웅으로 떠올랐어요. 로마 사람들은 너도나도 〈갈리아 전기〉를 읽었어요. 카이사르가 흐뭇한 미소를 지었겠지요? 하지만 폼페이우스와 귀족들은 카이사르의 인기가 높아지는 것을 아주 싫어했어요. 그들은 카이사르를 없애기로 마음먹었어요.

기원전 50년, 원로원이 카이사르에게 총독 임기가 끝났으니 로마로 돌아오라는 명령을 내렸어요. 카이사르는 고민했어요. 로마로 돌아갈 때 군대를 거느리고 갈 수 없거든요. 총독이 임기를 끝내고 로마로 들어갈 때는 혼자서 들어가야 해요. 그게 로마의 전통이고 법이었어요. 카이사르가 군대 없이 혼자 로마로 들어가다가는 목숨을 잃을 수도 있어요. 그렇다고 군대를 이끌고 가면 반란을 일으킨 것이 되지요.

카이사르는 이럴 수도, 저럴 수도 없는 상황에 빠졌어요. 결국 카이사르는 갈리아 총독의 임기를 1년 더 늘려 달라고 원로원에 부탁했어요. 원로원은 이 부탁을 받아들이지 않았어요. 카이사르는 다시 갈리아에서 로마 집정관에 출마하게 해 달라고 부탁했어요. 집정관이 되면 폼페이우스나 귀족들이 자신을 죽이지 못할 거라고 생각한 거지요. 하지만 이 부탁도 들어주지 않았어요. 카이사르는 마지막으로 폼페이우스와 자신의 군대를 모두 해산하면 홀로 로마로 들어가겠다고 했어요.

물론 원로원은 카이사르의 부탁을 들어주지 않았어요. 폼페이우스는 로마를 배반했다는 혐의로 카이사르를 고발하기까지 했어요.

로마에는 카이사르의 부하이자 호민관인 안토니우스가 있었어요. 안토니우스는 카이사르가 큰 업적을 쌓았는데, 원로원이 지나치게 야박하게 굴고 있다며 비판했어요. 하지만 폼페이우스와 원로원은 들은 척도 하지 않았어요. 카이사르에게 큰 위기가 닥친 거예요. 카이사르는 어려움을 어떻게 이겨 냈을까요? 그 이야기를 들려줄게요.

기원전 49년 1월, 카이사르는 군대를 이끌고 루비콘 강을 건넜어요. 루비콘 강은 갈리아에서 로마로 들어가는 길목에 있어요. 예부터 갈리아 총독이 루비콘 강을 건너 로마로 들어갈 때는 군대를 해산하고 혼자서 들어가야 해요. 그런데 카이사르는 군대를 거느리고 루비콘 강을 건넌 거예요.

이게 무슨 뜻일까요? 카이사르가 원로원과 싸우기로 했다는 뜻이

결국 루비콘 강을 건너는군.

에요. 결국 로마에서 내전이 시작된 거지요. 카이사르는 루비콘 강을 건너며 이렇게 외쳤어요.

"주사위는 던져졌다!"

카이사르가 싸움에서 이기면 로마의 모든 권력을 잡을 수 있지만 실패하면 목숨을 잃을 수밖에 없어요. 그러니 카이사르도 많은 고민을 했을 거예요.

카이사르는 군대를 이끌고 루비콘 강을 건너면서 로마에 이를 때까지 큰 전투를 여러 번 치러야 할 거라고 생각했어요. 하지만 막상 로마로 들어서자 싸울 상대가 없었어요. 로마로 가는 길에 있는 많은 도시가 싸우기도 전에 카이사르에게 항복했어요. 카이사르의 군대는 큰 전투 한 번 치르지 않고 로마에 다다를 수 있었어요.

지금도 '주사위는 던져졌다!'라는 말은 다시 돌이키려 해도 돌이킬 수 없다는 뜻을 담고 있어요. 카이사르가 루비콘 강을 건넌 뒤부터 '루비콘 강을 건너다!'나 '주사위는 던져졌다!'란 말은 아주 중요한 결정을 했을 때 쓰는 말이 됐어요.

내 사랑, 클레오파트라!

어때요? 카이사르의 결단력을 알 수 있지요. 폼페이우스와 귀족들은 카이사르의 군대가 그렇게 쉽게 로마에 이를 것이라고는 전혀 생각하지 못했어요. 크게 놀란 폼페이우스는 다른 나라로 도망쳤어요. 카이사르는 로마의 모든 권력을 손에 넣었어요. 원로원은 카이사르를 쫓아낼 힘이 없었어요. 카이사르는 폼페이우스를 쫓았어요. 폼페이우스는 그리스로 갔다가, 다시 이집트 알렉산드리아로 도망갔는데, 그곳에서 죽었어요. 이집트를 다스리는 프톨레마이오스 13세가 카이사르에게 잘 보이려고 폼페이우스를 죽여 버렸거든요.

당시 프톨레마이오스 13세는 누나인 클레오파트라와 파라오 자리를 놓고 다툼을 벌이고 있었어요. 파라오는 이집트의 왕을 가리키는 말이에요. 그런데 카이사르가 클레오파트라와 사랑에 빠졌어요. 카이사르는 클레오파트라가 파라오가 될 수 있도록 도와주었지요.

얼마 뒤에 소아시아에서 반란이 일어났어요. 카이사르는 직접 군대를

이끌고 나가서 싸웠어요. 결과는 로마의 대승이었어요. 카이사르는 로마에 짤막하게 승리 소식을 전했어요.

'왔노라, 보았노라, 이겼노라.'

폼페이우스가 죽은 뒤에도 카이사르는 폼페이우스의 부하들을 몰아내기 위해 계속 싸웠어요. 기원전 45년에 마침내 내전이 끝이 났어요. 이제 로마에는 더 이상 카이사르와 싸울 수 있는 사람이 없었어요.

기원전 44년 2월, **카이사르가 종신 독재관에 올랐어요.** 종신 독재관은 로마의 모든 일을 쥐락펴락할 수 있는 엄청난 권력을 가진 자리였어요. 사실상 황제와 다름없었지요. 이제 카이사르의 시대가 열렸어요.

카이사르는 로마 역사를 통틀어 가장 중요한 이름이라고 할 수 있어요. 그러니 꼭 기억하고 있어야 해요. 카이사르를 영어로 읽으면 '시저'라고 해요. 카이사르는 그 뒤 유럽의 여러 나라에서 왕이라는 뜻으로 사용되었어요. 독일에서는 왕을 '카이저', 러시아에서는 '차르'라고 하는데, 카이저와 차르는 카이사르에서 나온 말이랍니다.

카이사르가 암살됐어요

카이사르가 종신 독재관이 되자 부하들은 "혹시 적이 될지도 모르는 자는 미리 없애야 합니다!"라고 말했어요. 예전에 귀족파와 평민파가 치열하게 싸울 때 귀족파인 술라가 그랬던 것처럼 적을 모조리 죽이자는 말이었지요. 하지만 카이사르는 고개를 저으며 "그때는 이쪽이든 저쪽이든, 어느 한쪽에 서지 않으면 안 되는 시절이었다. 나의 반대파를 모두 없애면 로마에 평화가 찾아오겠는가?"라고 대답했어요. 카이사르는 같은 편에 서지 않았던 사람들의 잘못도 너그럽게 용서했어요. 갈리아나 다른 지역에 사는 사람들에게도 로마 시민권을 주었지요.

카이사르는 권력을 잡은 뒤 '로마 제국'의 뼈대를 갖추어 나갔어요. 먼저 달력을 만들어 전 로마 영토로 보냈어요. **카이사르가 만든 달력을 '율리우스력'이라고 해요.** 율리우스력은 1년이 365일이에요. 오늘날의 달력과 똑같지요. 카이사르 때 만들어진 달력은 그 뒤 1600년이 넘게 사용됐어요. 율리우스력을 바탕으로 16세기 말에 로마 교회에서 만든 달력이 오늘날 우리가 사용하는 달력이랍니다.

또한 **카이사르는 포럼 카**

이사르 등을 비롯해 많은 건물을 지었어요. 로마 시민들에게 일자리를 만들어 주기 위해서였어요. 가난한 농민에게는 농사를 지을 땅과 식량을 나눠 주었지요. 귀족들이 함부로 평민들을 대하지 못하도록 하기도 했어요. 로마 시민들이 즐길 수 있도록 검투사 경기와 전차 경기를 열었어요. 자신의 얼굴이 새겨진 동전도 만들었지요.

로마의 평민들은 카이사르를 열렬히 지지했어요. 물론 **카이사르를 싫어하는 사람들도 있었어요. 그들은 카이사르가 로마 공화정을 무너뜨리고 로마 황제에 오르려고 한다고 생각했어요.**

어느 날, 원형 경기장에서 성대한 행사가 열렸어요. 로마 시민들은 카이사르의 이름을 열렬히 부르며 환호했어요. 그때 카이사르가 가장 아끼는 부하인 안토니우스가 몇몇 사람들에게 이렇게 소리치도록 했어요.

"카이사르 황제 만세!"

그 순간 경기장 분위기가 싸늘해졌어요. 이 사건은 안토니우스가 로마 시민이 카이사르가 황제가 되는 것을 어떻게 생각하는지 알아보려고 벌인 일이었어요. 결국 이 사건으로 카이사르가 로마의 황제가 되는 것을 반대하는 로마 시민이 많다는 것을 알게 되었어요.

이 사건 이후 카이사르의 반대파들은 '카이사르가 로마 공화정을 없애고, 황제에 오르려 한다. 카이사르가 황제가 되는 걸 막아야 한다.'라며 카이사르를 공격했지요. 카이사르의 반대파들은 카이사르를 암살할 계획을 세웠어요. 암살단 중에는 카이사르가 매우 아끼던 브루투스도 있었어요. 이제 카이사르의 마지막 이야기를 들려줄게요.

기원전 44년, 카이사르가 원로원 회의장에 가고 있었어요. 3일 뒤에 출발할 군사 원정에 대해 설명하고, 원로원 의원들이 반역 음모를 꾸미지 못하도록 단속하기 위해서였어요. 이때 한 젊은이가 카이사르의 길을 막으며 소리를 질렀어요.
"회의장에 가시면 안 됩니다!"
카이사르는 이상한 생각이 들었어요. 집을 나서기 전에 아내도 "꿈자리가 뒤숭숭하니 오늘은 나가지 마세요!"라고 했거든요. 하지만 카이사르는 그 말을 무시하고 가던 길을 재촉했어요. 잠시 후 회의장에 도착했어요. 회의가 시작되고 얼마 지나지 않아 한 의원이 카이사르에게 호소했어요.
"로마에서 쫓겨난 제 형을 돌아오게 해 주십시오!"
카이사르는 안타깝지만 그럴 순 없다며 거절했어요. 그러자 그 의원이 칼을 빼어 들었어요. 이어 암살단 수십 명이 카이사르에게 달려들었어요. 워낙 순식간에 일어난 일이라 카이사르의 부하들은 이들을 막을 수 없었어요. 결국 카이사르는 온몸이 칼에 찔린 채 폼페이우스 동상 밑에 쓰러져 숨을 거뒀어요.
로마 시민들은 크게 놀랐어요. 시민들이 하나둘 모여들었어요. 그러자 카이사르를 암살하는 데 앞장섰던 브루투스가 연설을 시작했어요.
"로마 시민 여러분! 저는 그 누구보다 카이사르를 사랑하고 존경합

니다. 하지만 그는 로마의 황제가 되려고 했습니다. 저는 카이사르보다 로마 공화정, 그리고 로마 시민을 더 사랑합니다. 그래서 눈물을 머금고 그를 암살할 수밖에 없었습니다."

브루투스의 연설이 로마 시민들의 마음을 움직인 걸까요? 사람들은 카이사르가 잘못한 것이라고 생각했어요. 그러나 잠시 뒤 카이사르의 부하인 안토니우스가 연설을 시작했어요.

"여러분! 제 손에 있는 이 피 묻은 옷은 카이사르가 입었던 것입니다. 또 다른 손에 있는 이 유언장은 카이사르가 미리 써 놓은 것입니다. 유언장에는 자신의 재산을 로마 시민에게 남긴다는 내용이 들어 있습니다. 이처럼 로마 시민을 사랑한 카이사르가 정말로 유죄일까요?"

안토니우스의 연설은 로마 시민을 감동시켰어요. 로마 시민들은 암살자들을 소리 높여 비난하기 시작했어요. 암살자들은 영웅이 됐다가 순식간에 로마를 배반한 사람으로 몰렸지요. 브루투스를 비롯한 암살단은 로마 밖으로 도망가야 했어요.

카이사르의 죽음으로 로마는 다시 혼란스러워졌어요. 로마는 금방이라도 내전이 일어날 분위기였지요. **카이사르가 가장 아끼던 부하 안토니우스가 권력을 잡고 로마의 혼란을 수습하려고 했어요. 하지만 안토니우스의 경쟁자가 나타났어요. 바로 옥타비아누스였어요.**

카이사르가 죽었을 때 옥타비아누스는 로마 사람들에게 인기 있는 정치가는 아니었어요. 그런데 옥타비아누스가 갑자기 안토니우스의 강력한 경쟁자로 떠오른 이유가 무엇일까요? 바로 카이사르의 유언장에 '나, 카이사르는 옥타비아누스를 내 양자이자 후계자로 정한다!'고 적혀 있었기 때문이에요. 카이사르는 아들이 아닌 옥타비아누스에게 유산을 물려주었지요. 옥타비아누스는 어떤 인물일까요?

아우구스투스가 로마 제국을 이끌었어요

옥타비아누스는 네 살 때 아버지가 죽었어요. 그 뒤 카이사르가 옥타비아누스를 돌보아 주었어요. 옥타비아누스의 어머니가 카이사르의 조카였거든요. 그래서 옥타비아누스가 카이사르의 후계자가 될 수 있었던 거예요. 카이사르가 암살됐을 때 옥타비아누스의 나이는 겨우 열여덟 살이었어요. 전쟁터에 나가 있던 옥타비아누스는 소식을 듣자마자 로마로 돌아왔어요. 옥타비아누스는 카이사르의 후계자였기 때문에 순식간에 로마 정치의 거물로 떠올랐어요.

기원전 43년에 옥타비아누스는 안토니우스, 레피두스와 손을 잡았어요. 삼두 정치가 다시 시작된 거예요. 이것을 제2차 삼두 정치라고 해요. 세 사람은 로마와 로마의 정복지를 나누어 통치하기로 했어요. 옥타비아누스는 로마를 중심으로 서쪽 지역, 안토니우스는 동쪽 지역, 레피두스는 아프리카 북부 지역을 맡았지요.

제2차 삼두 정치는 세 사람이 귀족파를 완전히 몰아낸 뒤 깨졌어요. 옥타비아누스, 안토니우스, 레피두스가 권력을 독차지하려고 싸우기 시작했기 때문이에요. 일찌감치 레피두스는 삼두 정치에서 쫓겨났고 **옥타비아누스와 안토니우스가 치열하게 다투었어요.**

기원전 31년에 옥타비아누스와 안토니우스 사이에 마지막 전투가 벌어졌어요. 두 사람은 그리스 북서부에 있는 악티움 앞바다에서 맞붙었지요. 이 싸움을 '악티움 해전'이라고 해요. 안토니우스는 이집트의 여자 파라오 클레오파트라와 힘을 합쳐 옥타비아누스에게 맞섰어요. 카이사르가 죽은 뒤 클레오파트라는 안토니우스와 결혼을 했거든요. 악티움 해전의 승자는 옥타비아누스였어요. 안토니우스와 클레오파트라는 이집트로 도망을 가서 스스로 목숨을 끊었어요.

옥타비아누스는 카이사르에 이어 로마의 최고 권력자가 됐어요. 기원전 29년에 로마 원로원이 옥타비아누스에게 '프린켑스'란 칭호를 내려 주었어요. 프린켑스는 '제1시민', 즉 첫 번째 시민이란 뜻이에요. 원로원도 옥타비아누스를 로마의 지배자로 받아들인 거예요. 옥타비아누스는 프린켑스가 되면서 이렇게 말했어요.

"이제 내전은 끝이 났습니다. 로마는 공화정으로 다시 돌아갑니다. 나, 옥타비아누스는 원로원의 결정을 항상 존중하고 따르겠습니다. 나는 로마 공화정을 목숨처럼 지키겠습니다."

옥타비아누스도 카이사르처럼 황제가 되고 싶었을 거예요. 하지만

로마 시민들 앞에서 공화정을 지키고 원로원을 따르겠다고 선언했어요. 그러니 옥타비아누스의 인기는 하늘을 찌를듯 높아졌고, 권력은 더 단단해졌어요.

기원전 27년에는 원로원이 옥타비아누스에게 새로운 칭호를 내렸어요. 바로 '아우구스투스'라는 칭호였어요. 아우구스투스는 '존엄한 사람'이란 뜻이에요. 사실상 옥타비아누스를 황제로 받아들인 것이었지요. 이때부터 사람들은 옥타비아누스를 아우구스투스라고 불렀어요. 옥타비아누스도 황제 칭호를 쓰지 않았어요. 로마에서 처음으로 황제의 칭호를 쓴 사람은 아우구스투스의 뒤를 이어 즉위한 티베리우스였어요.

이제 로마 공화정은 사라졌어요. 로마는 새로이 제국의 시대로 접어들었지요. 로마 제국의 첫 번째 황제인 아우구스투스의 통치는 어땠을까요? 아우구스투스는 검소한 황제였어요. 황제의 방에 있는 가구들도 소박했고, 옷도 수수하게 입었어요. 아우구스투스는 귀족들에게 사치하지 말고, 그 재산을 로마를 위해 쓸 것을 권했지요.

아우구스투스는 로마의 평화를 지키기 위해서도 최선을 다했어요. 웬만하면 전쟁을 벌이지 않았어요. 영토를 더 넓히기보다는 지금까지 얻은 영토를 잘 지키는 데 더 신경을 썼고, 로마 시민들과 더 많은 대화를 하려고 했지요.

그렇다고 해서 전쟁이 전혀 없었던 것은 아니었어요. 아우구스투스는 서기 9년 무렵, 게르마니아로 군대를 보내 게르만 족을 정복하려고 했지만 실패했어요. 아우구스투스는 게르만 족을 쉽게 정복할 수 없다는 사실을 깨달았어요. 그 뒤로 다시는 게르마니아 원정을 벌이지 않았지요.

아우구스투스는 로마 제국의 여러 가지 제도를 다시 손보았어요. 어떻게 바꾸었는지 볼까요? 먼저 원로원의 권한을 줄였어요. 세금을 관리하는 기구를 따로 만들었고, 원로원의 의원 수도 줄였지요. 왜 그랬을까요? 바로 원로원에 있는 귀족들이 함부로 권력을 휘두르지 못하도록 하기 위해서였어요.

아우구스투스의 개혁 중에서 가장 두드러진 것이 군대 개혁이에요. 당시 귀족들은 군대를 가질 수 있었어요. 그러니 로마 정부도 귀족들을 쉽게 건드리지 못했어요. 아우구스투스는 정부에서 관리하는 군대를 만들었어요. 이 군대를 '상비군'이라고 해요.

이제 로마 제국의 앞날이 탄탄대로일 것 같지요? 본격적인 로마 제국의 역사, 잠시 후에 시작할 게요.

지도 위 세계사
튀니지에서 만나는 로마 제국

북아프리카에 있는 튀니지는 한니발의 고향, 카르타고가 있는 나라예요.
카르타고가 로마에 정복당한 뒤 튀니지 곳곳에는 로마 제국의 도시가 세워졌어요.
튀니지에 있는 로마 유적을 둘러 보아요.

카르타고

튀니지의 동쪽 항구에 있어요. 카르타고는 '새로운 도시'라는 뜻으로, 기원전 9세기에 페니키아 사람들이 세운 도시예요. 한때 로마에 맞설 만큼 발전했어요. 포에니 전쟁으로 폐허가 됐지만 곳곳에 로마의 유적이 남아 있어요.

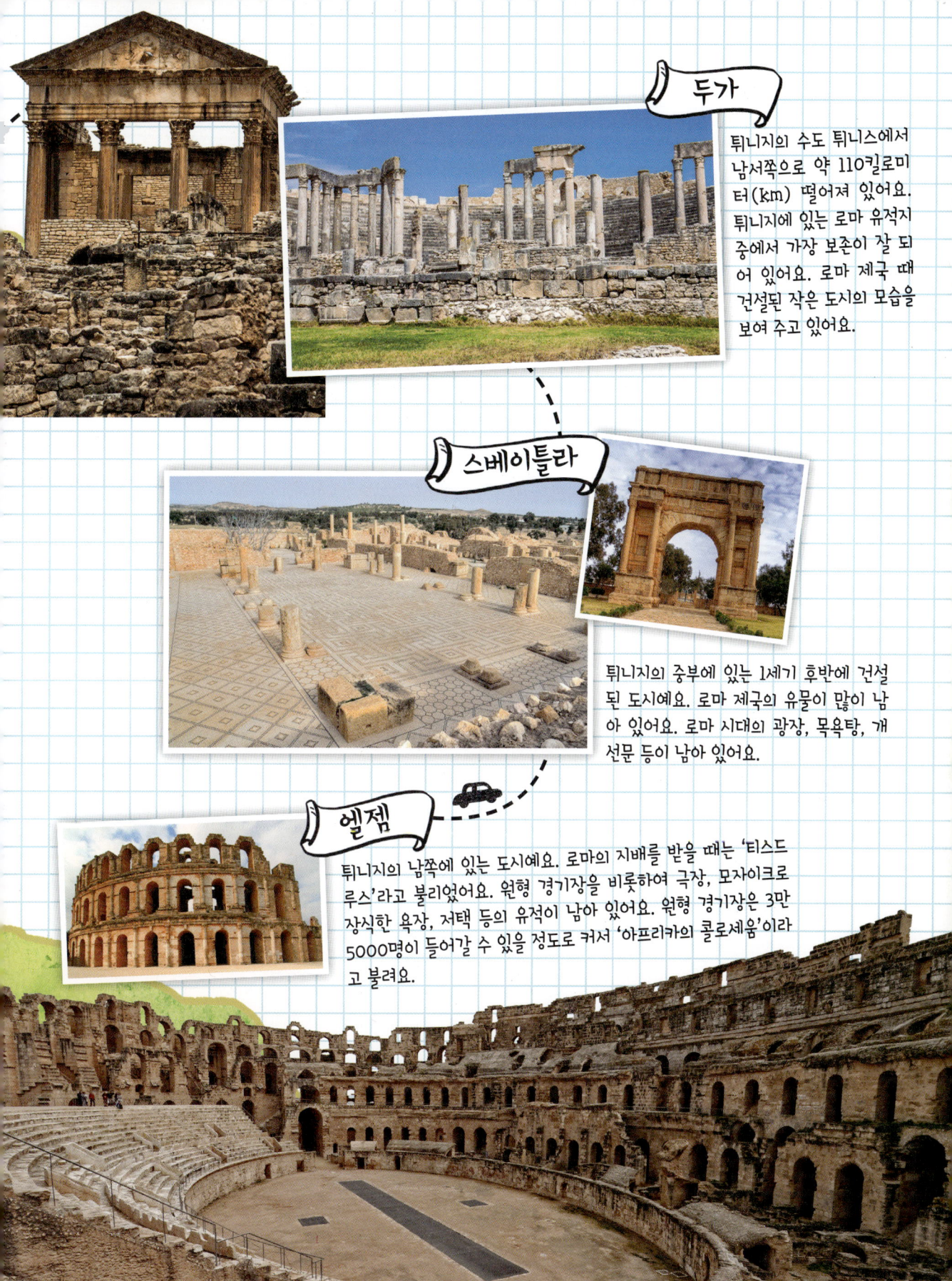

두가

튀니지의 수도 튀니스에서 남서쪽으로 약 110킬로미터(km) 떨어져 있어요. 튀니지에 있는 로마 유적지 중에서 가장 보존이 잘 되어 있어요. 로마 제국 때 건설된 작은 도시의 모습을 보여 주고 있어요.

스베이틀라

튀니지의 중부에 있는 1세기 후반에 건설된 도시예요. 로마 제국의 유물이 많이 남아 있어요. 로마 시대의 광장, 목욕탕, 개선문 등이 남아 있어요.

엘젬

튀니지의 남쪽에 있는 도시예요. 로마의 지배를 받을 때는 '티스드루스'라고 불리었어요. 원형 경기장을 비롯하여 극장, 모자이크로 장식한 욕장, 저택 등의 유적이 남아 있어요. 원형 경기장은 3만 5000명이 들어갈 수 있을 정도로 커서 '아프리카의 콜로세움'이라고 불려요.

● 476년 서로마 제국 멸망
● 기원전 4년경 예수 탄생

| 기원전 4년경 | 96년 | 313년 |
| 예수 탄생 | 5현제 시대 시작 | 밀라노 칙령 반포 |

3장
로마의 평화부터 서로마 멸망까지

아들이 없던 아우구스투스는 부인 리디아가
전 남편과 사이에서 낳은 아들을 후계자로 정했어요.
이 사람이 '티베리우스'로 로마 제국의 제2대 황제예요.
그런데 티베리우스 황제의 조카로 제3대 로마 황제가 된 칼리굴라는 폭군이 됐어요.
그 뒤 폭군 황제들이 로마 제국을 혼란에 빠뜨렸지요.
폭군의 시대가 끝나고 5현제 기간 동안
로마 제국은 평화와 번영을 누릴 수 있었어요.
로마 제국은 수도를 비잔티움으로 옮기고
60여 년이 지난 뒤에 동·서 로마로 갈라졌어요.
서로마가 멸망하기 전까지 로마 제국의
역사를 함께 살펴보아요.

330년
비잔티움으로 천도

395년
동·서 로마로 분열

476년
서로마 제국 멸망

로마 제국에 폭군이 등장했어요

아우구스투스의 뒤를 이어 티베리우스가 황제가 됐어요. 티베리우스는 아우구스투스의 친아들이 아니었어요. 부인인 리비아와 리비아의 전 남편 사이에 태어난 아들이었지요. **로마 제국은 친아들이 아니더라도 미리 후계자를 정해서 황제 자리를 물려주곤 했어요.** 제2대 황제 티베리우스는 별다른 업적을 남기지 못하고 죽었어요.

티베리우스에 이어 칼리굴라가 제3대 황제에 올랐어요. 칼리굴라는 티베리우스의 조카로, 로마 제국의 첫 폭군이었어요. 폭군은 잔인하고 사나운 왕을 가리키는 말이에요. 처음에 칼리굴라는 정치를 잘하는 듯했어요. 원로원과 크게 싸우지도 않았고, 검소하기도 했어요. 그랬던 사람이 어느 날 갑자기 돈을 마구 써 대고, 부하들을 마음대로 죽이기 시작했어요. 로마 제국의 첫 폭군인 칼리굴라의 마지막은 비참했어요. 황제를 보호하는 근위대의 장군에게 살해됐거든요.

근위대는 칼리굴라의 삼촌이자 예순 살을 넘긴 노인 클라우디우스를 제4대 황제로 앉혔어요. 클라우디우스는 나름대로 로마 제국의 번영을 위해 노력했어요. 특히 브리타니아, 즉 오늘날의 영국 남쪽을 정복했지요. 클라우디우스는 칼리굴라의 여동생인 아그리피나를 두 번째 부인으로 맞아들였어요. 하지만 이것이 큰 실수였어요. 결혼할 때 이미 아들이 있었던 아그리피나는 자신의 아들을 황제에 앉히려고 클라우디우스에게 독버섯을 먹여 죽였어요. 그러고는 원로원 의원들을 설득해 열여섯 살인 자신의 아들을 다음 황제로 만들었어요. 이 황제가 로마 제국 최악의 폭군으로 알려진 네로랍니다.

제5대 황제가 된 네로는 철학자 세네카의 도움을 받아 정치를 잘해 보려고 했어요. 평민들을 위해서 세금을 깎아 주었고, 해방된 노예에게 관직을 주었어요. 원로원의 의원들을 대할 때도 예의를 갖추었지요. 하지만 점차 폭군의 기질을 드러냈어요. 정치에 간섭하는 사람은 누구든 없애 버렸어요. 심지어 어머니 아그리피나까지 죽였어요. 스승인 세네카도 반역을 했다며 자결하도록 만들었어요.

네로는 예술과 운동 경기를 몹시 좋아했어요. 직접 글을 쓰거나 운동선수로 뛰었지요. 네로가 무대에서 악기를 연주하고, 노래를 부르고, 시를 읊으면 사람들은 무조건 네로를 찬양해야 했어요. 네로가 운동선수로 나가면 다른 선수들은 알아서 느릿느릿 움직였지요. 그래야 네로가 우승을 할 수 있으니까요.

네로가 로마 제국을 통치할 무렵부터 많은 로마 사람이 크리스트교를 믿기 시작했어요. 아마도 로마 사람들이 고통스러운 현실을 잊으려고 한 거 같아요. 서기 64년에 로마 시내에 큰불이 났어요. 로마 시는 잿더미가 됐지요. 삶의 터전이 사라진 로마 시민들은 절망에 빠졌어요.

이때 네로는 자신을 향한 시민들의 불만을 크리스트교 신자들에게 돌리려고 했어요. 네로는 로마 시민들에게 이렇게 발표했어요.

'크리스트교 신자들이 로마 시내에 불을 질렀다. 로마 대화재를 일으킨 범인은 크리스트교 신자이다!'

물론 사실이 아니었어요. 로마 대화재는 도시계획이 엉망이었기 때문에 더 커진 거예요. 로마 시내에 불을 끄는 방화 시설이 거의 없었던 데다 집이 다닥다닥 붙어 있었어요. 불이 나고 바람까지 불면서 단숨에 불이 도시를 집어삼켰어요. 하지만 로마 사람들은 로마에 불이 난 이유를 차분하게 생각하지 못했어요. 네로의 말을 믿었지요. 수많은 크리스트교 신자가 체포되어 처형당했어요. 검투사 경기장에서 사자와 싸워야 했던 크리스트교 신자도 있었어요. 크리스트교가 생긴 지 수십 년이 지났지만 여전히 크리스트교 신자들은 탄압받았어요. 크리스트교가 공식 종교로 인정받은 것은 이로부터 약 250년이 더 흐른 뒤예요.

크리스트교는 기원전 4년쯤 팔레스타인에서 태어난 예수가 창시한 종교예요. 이때는 카이사르에 이어 아우구스투스가 로마 제국을 다스릴 때였어요. 팔레스타인 지역도 로마 제국의 지배를 받고 있었지요. 여기서 잠깐, 크리스트교와 예수 이야기를 들려줄게요.

예수가 태어날 무렵, 유대의 왕 헤롯은 "지금 태어난 한 아기가 훗날 세상을 구할 것이다!"라는 예언을 들었어요. 두려움에 떨던 헤롯은 두 살 이하의 아기들을 모두 죽이라고 했지요. 예수의 부모는 예수를 데리고 이집트로 떠났어요.

예수는 어른이 된 뒤 팔레스타인으로 돌아왔어요. 예수는 세상의 모든 사람이 평등하다고 외쳤어요. 예수를 따르는 사람들이 늘어났지요. 그러자 유대교의 종교 지도자들은 예수가 사람들이 반란을 일으키도록 부추긴다며 로마 총독에게 고발했어요.

예수는 사형 선고를 받았고, 십자가에 못 박힌 채 세상을 떠났어요.

그러나 예수의 열두 제자가 크리스트교를 더 널리 퍼뜨렸어요. 그 중 베드로는 예수의 뒤를 이어 크리스트교를 이끌었는데, 처음으로 로마에 교회를 세웠어요. 이 로마 교회가 오늘날의 교황청으로 발전했어요. 그러니까 베드로는 제1대 로마 교황이 되는 셈이에요. 베드로는 네로가 크리스트교를 박해할 때 체포되어 십자가에 못 박혀 죽었다고 해요.

수많은 크리스트교 신자가 네로의 크리스트교 박해 때 목숨을 잃었어요. 하지만 박해할수록 크리스트교 신자는 점점 늘어났어요. 이들은 지하 동굴에 교회를 만들어 놓고 예배를 봤지요. 이 동굴 교회를 '카타콤'이라고 하는데, 로마 제국 영토 곳곳에서 발견됐어요. 크리스트교 신자들의 무덤이 있는 카타콤도 있고, 예수의 모습이 그려져 있는 카타콤도 있답니다.

로마 대화재 이후 네로는 어떻게 됐을까요? 서기 68년에 갈리아 지방에서 반란이 일어났어요. 곧이어 히스파니아에서도 반란이 일어났어요. 반란군들은 로마로 쳐들어왔고, 로마 시민들도 반란군을 지지했어요. 네로는 간신히 궁궐을 빠져나갔어요. 하지만 더 이상 도망갈 곳도, 숨을 곳도 없었어요. 결국 네로는 스스로 목숨을 끊었어요.

'로마의 평화' 시대가 활짝 열렸어요

　네로가 스스로 목숨을 끊은 뒤, 황제 자리를 두고 군사령관들이 다툼을 벌였어요. 일 년 동안 무려 세 명의 황제가 있었어요. 로마의 정치는 다시 혼란에 빠졌어요. 이 혼란을 끝낸 사람은 군사령관 출신인 베스파시아누스였어요. 베스파시아누스는 서기 69년에 로마의 제9대 황제에 올랐는데, 검투사 경기가 많이 열렸던 콜로세움을 건설한 황제로도 유명해요.

　베스파시아누스의 뒤를 이어 아들 티투스가 제10대, 티투스의 동생인 도미티아누스가 제11대 황제가 됐어요. 그렇지만 도미티아누스는 폭군이었고, 또 다시 암살되고 말았어요. 이때가 서기 96년이에요.

로마의 상징, 콜로세움은 나, 베스파시아누스가 건설했어.

원로원은 로마가 혼란에 빠지지 않도록 재빨리 움직였어요. 현명한 사람이 황제가 되면 내전이 일어나지 않을 거라고 생각한 거지요. 그래서 원로원 의원 중에서 존경을 받는 네르바를 황제로 올렸어요. 당시 네르바는 이미 일흔 살에 가까운 노인이었어요. 네르바는 황제가 된 지 3년 만에 세상을 떠났어요.

네르바는 짧은 기간 로마 제국을 다스렸기 때문에 큰 업적을 남기지는 못했어요. 하지만 이때부터 로마는 안정을 찾기 시작했어요. 자식이 없던 네르바는 현명한 사람을 후계자로 정한 뒤 황제 자리를 물려주었어요. 그 뒤로 로마 황제 자리를 둘러싼 싸움이 줄어들었어요. **네르바를 포함해 다섯 명의 황제가 로마 제국을 다스리던 시기의 로마는 그 어느 때보다 평화로웠고, 영토도 크게 넓어졌어요. 그래서 그 다섯 황제를 '5현제'라고 불러요.** '다섯 명의 현명한 황제'라는 뜻이랍니다.

네르바의 뒤를 이어 황제에 오른 사람은 군인 출신의 트라야누스였어요. 5현제 가운데 두 번째 황제예요. 트라야누스는 영토를 많이 넓혔어요. 동북쪽으로는 다뉴브 강(도나우 강)을 넘어 지금의 루마니아 남쪽 지역을 정복했어요. 또 서쪽과 북쪽으로는 갈리아와 히스파니아, 바다 건너 브리타니아 지역을 차지했어요. 하지만 게르마니아 지역은 정복하지 못했지요. 아시아로도 영토를 넓혔는데, 티그리스 강이 있는 메소포타미아 일대와 아라비아 반도까지 진출했지요. 남쪽으로는 지중해를 넘어 아프리카 북부를 완전히 차지했고, 더 남쪽으로 내려가 사하라

사막에까지 이르렀답니다. 정말 대단하지요? 트라야누스 황제 때 로마 제국 역사를 통틀어 가장 영토가 넓었답니다.

5현제 가운데 세 번째 황제는 하드리아누스예요. 하드리아누스는 더 이상 전쟁을 하지 않겠다고 선언했어요. 게르마니아에서 게르만 족과의 전투를, 브리타니아에서 켈트 족과의 전투를 멈추었지요. 그러고는 브리타니아에 120킬로미터(km)에 이르는 긴 성벽을 쌓았어요. 이 성벽을 '하드리아누스 방벽'이라고 해요. 이 성벽의 일부가 오늘날까지 남아 있어요.

5현제 가운데 네 번째 황제는 안토니누스예요. 안토니누스 황제는 관대하고 인자한 성품이었어요. 대부분 로마에 머물었는데, 이 시기

로마 제국은 평화와 번영을 누렸어요. 안토니누스는 처음으로 중국 역사책에 이름이 등장한 로마의 황제였어요. 이때 중국은 후한 시절이었어요.

5현제 가운데 마지막 황제는 아우렐리우스예요. 〈명상록〉이란 책을 남겼을 정도로 유명한 철학자이기도 해요. 아우렐리우스 황제 때 중국과 로마가 만났어요. 166년에 로마 사절단이 중국 후한의 수도인 낙읍(뤄양)에 도착했어요. 중국에서는 로마를 대진국, 아우렐리우스 황제를 '안돈'이라고 불렀지요. 아우렐리우스 때 로마 제국은 그리 사정이 좋지 못했어요. 전염병이 돌았고, 다른 민족이 로마를 자주 침범했어요. 아우렐리우스도 전쟁터에서 죽었어요.

그런데 아우렐리우스는 아들이 아닌 현명한 사람에게 황제 자리를 물려주는 로마 제국의 전통을 깼어요. 그 결과는 참혹했어요. 아우렐리우스의 아들인 코모두스가 폭군이 됐기 때문이에요. 코모두스는 나랏돈을 펑펑 썼고 부자들의 재산을 함부로 빼앗았어요. 결국 코모두스는 192년에 암살됐답니다. 이렇게 해서 로마는 다시 혼란의 시기로 접어들었어요.

　로마 역사에서 **옥타비아누스가 아우구스투스의 칭호를 받고 로마 제국을 통치할 때부터 5현제가 다스리던 시기까지를 '로마의 평화'라고 해요. '팍스 로마나'라고도 하지요.** 로마의 평화 시기는 약 200년간 이어졌어요.

　로마의 평화 시대 때, 유럽에 수많은 도시가 건설됐어요. 프랑스 파리, 영국 런던, 오스트리아 빈이 이 시기에 건설된 대표적인 도시들이에요. 이 도시들은 로마 제국의 영토가 된 이후 우수한 문화를 쏙쏙 흡수해서 대도시로 성장했어요. 로마의 우수한 문화 덕분에 유럽 문화의 수준이 한 단계 올라간 거예요. 로마의 문화는 로마의 도로를 통해 유럽으로 퍼졌어요. 그래서 '모든 길은 로마로 통한다!'는 말까지 나왔어요.

로마의 도로는 매우 튼튼해서 오랫동안 이용되었어요. 그중 일부는 지금도 이용되고 있지요. 로마는 도로 말고도 다리와 수도 등 실생활에 꼭 필요한 시설과 튼튼한 건축물을 많이 세웠어요.

아우렐리우스 황제가 죽은 지 4년 뒤인 184년에 중국에서는 후한을 뒤흔든 '태평도의 난'이 일어났어요. 중국과 로마가 같이 혼란의 시기로 접어든 거지요.

로마 제국이 갈라섰어요

코모두스 황제 이후 군사령관들이 황제 자리를 놓고 치열하게 싸우기 시작했어요. 이때 '내가 황제다!'라고 선언한 사람만 무려 스물여섯 명이었어요. 황제의 재위 기간도 평균 2년밖에 되지 않았어요. 이 기간 동안 로마 시민들은 점점 가난해졌지요.

로마에서 군인들이 황제 자리를 놓고 싸울 때 중국에서는 위, 촉, 오가 전쟁을 벌이고 있었어요. 두 나라는 혼란을 끝낸 시기도 비슷해요. 중국은 280년에 삼국이 통일되면서, 로마는 284년에 디오클레티아누스가 황제에 오르면서 나라의 혼란이 끝났지요.

말단 병사에서 시작해 사령관을 거쳐 황제에 오른 디오클레티아누스는 로마가 혼란스러운 이유를 찾다가 이런 결론을 내렸어요.

'로마 제국의 영토가 너무 넓다. 그러니 다른 민족이 쳐들어오거나 반란이 일어나도 빠르게 달려갈 수 없는 것이다. 이를 막으려면 영토를 나누어서 통치해야 한다.'

디오클레티아누스는 두 명의 정식 황제와 두 명의 부황제가 로마 제국을 넷으로 나누어 통치하도록 했어요. 물론 모든 중요한 결정은 디오클레티아누스가 내렸지요. 로마를 넷으로 나누어 통치한 덕분에 로마는 안정을 되찾았어요.

그렇지만 디오클레티아누스는 크리스트교를 무자비하게 박해했어요. 304년에는 크리스트교를 믿지 말라는 명령을 거부한 신도 수천 명을 처형할 정도였지요. 305년에 디오클레티아누스는 황제 자리에서 물러나 동유럽의 경치 좋고 물 맑은 시골에 멋들어진 궁궐을 짓고는 평화롭게

살다가 죽음을 맞이했어요. 이 무렵의 로마 황제로서는 드물게 평온한 죽음을 맞은 셈이에요.

디오클레티아누스가 물러나자 황제 자리를 놓고 전쟁이 터졌어요. 1년 뒤에 콘스탄티누스가 서방 지역을 다스리는 황제에 올랐어요. 동방 제국에서는 리키니우스가 황제에 올랐지요. 313년에 콘스탄티누스와 리키니우스 황제는 밀라노에서 만났어요. 이곳에서 두 황제는 크리스트교를 인정하는 '밀라노 칙령'을 발표했어요. **콘스탄티누스는 로마 사람들에게 신앙의 자유를 주었고, 교회로부터 빼앗은 재산을 돌려주었어요. 성직자에게는 연금도 주었어요.**

콘스탄티누스는 크리스트교 세례를 받은 첫 번째 로마 황제예요. 죽음을 앞두고 세례를 받았어요. 전쟁터에서 하늘에 떠 있는 십자가를 봤다고 하는 이야기도 전해요. 하지만 콘스탄티누스가 크리스트교를 인정한 데는 황제의 권위를 높이려는 이유도 컸어요. 예수가 자신을 선택했다고 알려서 로마 시민들의 지지를 얻으려고 한 거예요. 로마에서 크리스트교를 믿는 사람이 점점 늘었던 것도 한몫했겠지요. 콘스탄티누스 황제의 어머니도 크리스트교 신자였다고 해요.

밀라노 칙령이 발표된 뒤 크리스트교 신자들이 빠르게 늘어났어요. 그런데도 동방 제국을 다스리는 리키니우스 황제는 크리스트교 신자들을 못살게 굴었어요. 콘스탄티누스가 밀라노 칙령을 어기지 말라고 경고했지만 리키니우스는 말을 듣지 않았어요.

콘스탄티누스는 이 기회에 리키니우스를 쫓아내고 로마 제국을 다시 하나로 합쳐야겠다고 생각했어요. 콘스탄티누스는 즉시 전쟁을 일으켰어요. 전쟁 결과는 예상대로였어요. 준비를 철저히 한 콘스탄티누스의 승리였지요. 콘스탄티누스는 리키니우스를 처형했어요.

로마 제국을 다시 하나로 합친 콘스탄티누스는 330년에 수도를 로

마에서 비잔티움으로 옮겼어요. 이것은 큰 사건이랍니다. 로마의 역사가 시작된 지 1000년 동안 로마는 왕정에서 공화정으로, 공화정에서 황제가 다스리는 제정으로 바뀌었어요. 정치 형태가 여러 차례 바뀌고 그토록 오랜 세월이 흘렀어도 로마 제국에서 가장 중요한 도시는 늘 로마였어요. 이렇게 중요한 로마를 황제가 버린 거지요. 그런데 왜 콘스탄티누스는 1000년이나 이어 온 로마를 버리고 비잔티움으로 수도를 옮겼을까요?

첫째, 비잔티움의 뛰어난 경제력이 탐이 났기 때문이에요. 비잔티움은 예로부터 아시아와 유럽을 잇는 교통의 중심지로, 동서 무역이 활발했어요. 콘스탄티누스는 로마 제국을 더 번영시키려면 무역이 발전한 비잔티움으로 수도를 옮기는 게 낫다고 생각했어요.

둘째, 크리스트교를 부흥시키기 위해서였어요. 콘스탄티누스는 로마보다는 비잔티움 사람들이 크리스트교를 더 쉽게 받아들일 거라고 생각했어요. 크리스트교에서는 콘스탄티누스 황제를 성인으로 받들고 있어요. 콘스탄티누스를 가리켜 보통 '콘스탄티누스 대제'라고 불러요. 황제 중의 황제란 뜻인데, 크리스트교 신자들이 붙인 칭호랍니다. 크리스트교를 공식적으로 인정해 주고, 보호해 준 데 대한 고마움의 표시예요.

셋째, 게르만 족을 피하기 위해서였어요. 로마 제국의 북쪽에는 게르마니아란 땅이 있고, 그곳에는 게르만 족이 살고 있었어요. 게르만 족은 매우 용맹한 민족이었어요. 카이사르도, 아우구스투스도 무릎을

꿇리지 못한 민족이지요. 로마는 사방이 탁 트여 있어 게르만 족이 침략해 오면 쉽게 함락될 수 있었어요. 이에 비해 비잔티움은 사방이 절벽으로 둘러싸여 있어서 말 그대로 천연 요새와 다름이 없어요. 게르만 족이 쳐들어와도 쉽게 막을 수 있는 곳이었어요.

이제 로마 제국의 중심은 비잔티움으로 바뀌었어요. **콘스탄티누스가 세상을 떠난 뒤에 비잔티움의 이름은 '콘스탄티노폴리스'로 바뀌었어요.** '콘스탄티누스의 도시'란 뜻이지요. 콘스탄티노폴리스는 15세기에 '이스탄불'로 이름이 또 한 번 바뀌었어요. 이슬람교를 믿는 오스만 제국이 콘스탄티노폴리스를 정복한 뒤 이름을 바꿨기 때문이랍니다.

서로마 제국이 멸망했어요

콘스탄티누스 대제가 세상을 떠나자 로마 제국은 또다시 혼란에 빠졌어요. 로마 제국이 동방 제국과 서방 제국으로 나누어졌다가 합쳐지기를 되풀이했어요.

로마 제국의 힘이 많이 약해졌어요. 한때 세상을 호령했던 로마 제국이 늙은 사자가 된 느낌이 들지 않나요? 이럴 때 로마 밖에서 강력한 민족이 몰려든다면 어떻게 될까요? 실제로 그런 일이 일어났어요. 게르만 족이 로마 영토 안으로 물밀 듯이 밀려든 거예요.

게르만 족의 일파인 서고트 족은 유럽 동부 볼가 강 유역에 살고 있었어요. **이들이 4세기 후반 아시아에서 온 유목 민족인 훈 족을 피해 무리를 지어 도나우 강을 넘어 로마 제국의 영토 안으로 몰려들었어요. 이를 '게르만 족의 대이동'이라고 해요.** 얼마나 많은 사람이 몰려 들어왔으면 대이동이라고 불렀겠어요? 게르만 족의 대이동은 유럽의 역사를 바꾸어 놓았어요.

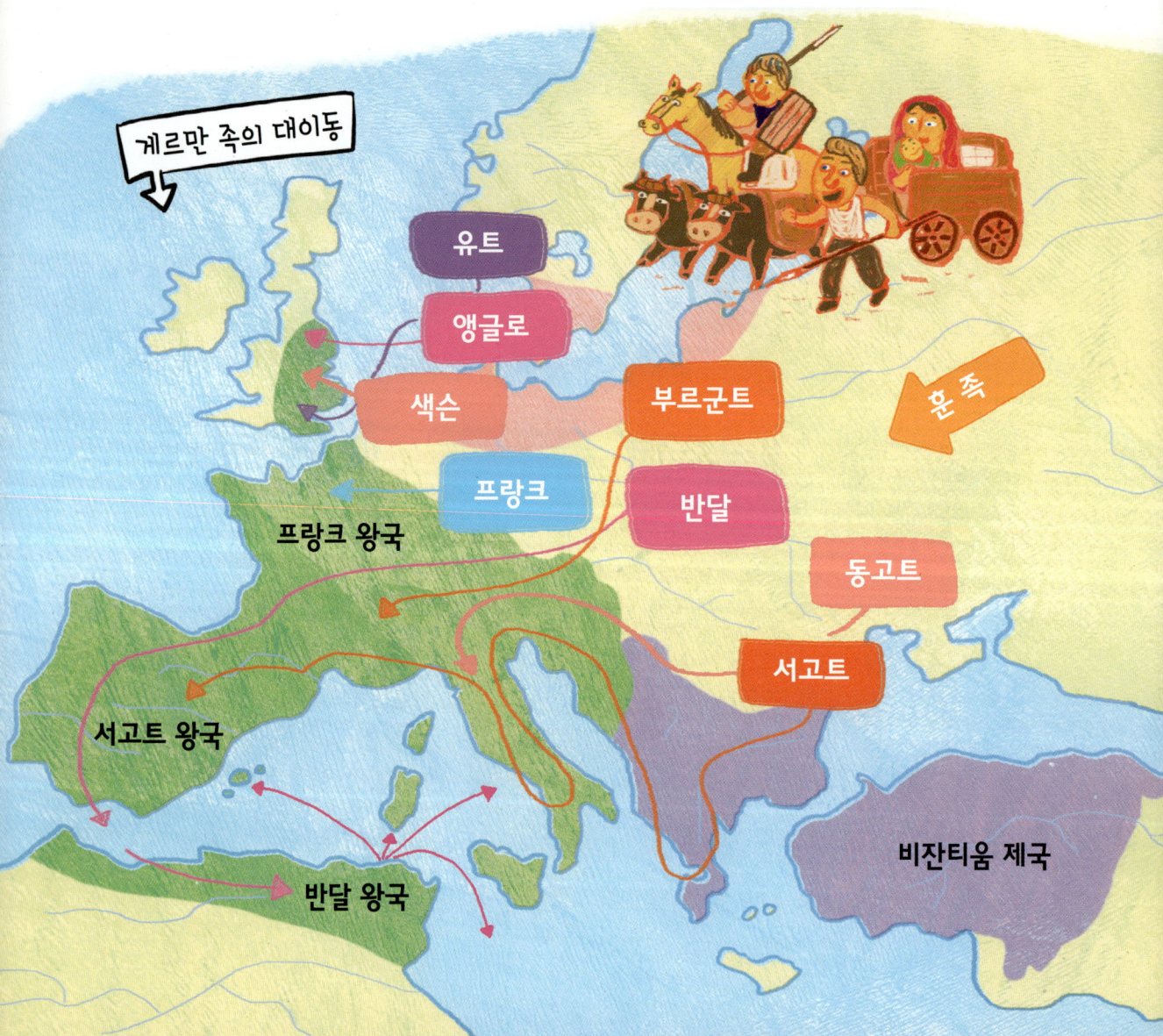

처음 서고트 족이 로마 영토로 들어왔을 때 로마 사람들은 대수롭지 않게 생각했어요. 서고트 족에게 '난동을 부리지 마. 까불지도 말고!'라는 경고만 하고서 서고트 족이 로마 영토에서 살게 내버려 두었어요.

그러자 점점 더 많은 서고트 족이 로마로 몰려들었어요. 서고트 족뿐만 아니라 다른 게르만 족도 들어오기 시작했지요. 그러자 게르만 족이 자리를 잡은 지역에서는 툭하면 로마 사람과 게르만 족 사이에 싸움이 일어났어요. 로마 병사들은 게르만 족을 가혹하게 대했어요.

그다음에는 어떻게 됐을까요? 용맹한 게르만 족이 곳곳에서 폭동을 일으켰어요. 로마 군대는 이들을 강하게 진압했지요. 당연히 게르만 족도 점점 강하게 맞섰어요. 로마 제국은 게르만 족과 싸우는 데 힘을 쏟아야 했어요. 그러다 보니 로마는 점점 힘이 떨어지기 시작했어요.

게르만 족은 점점 더 강해졌고, 로마는 게르만 족과 싸우면서 밀리는 일이 많아졌어요. 심지어 동로마 황제가 게르만 족과 싸우다가 죽기도 했어요.

게르만 족은 곧 동로마 땅을 넘어 서로마 지역까지 몰려갔어요. **게르만 족은 오늘날의 프랑스, 에스파냐, 아프리카 북부까지 나아갔어요.** 로마 제국의 전 영토에 게르만 족이 자리를 잡기 시작한 거예요. 이제 로마에서도 어쩔 수 없이 게르만 족을 받아들일 수밖에 없게 됐어요. 로마 제국은 돈을 주고 게르만 족을 군인으로 고용하기 시작했어요.

395년에 테오도시우스 황제가 로마 제국을 동서로 나누어 자식들

에게 물려주었어요. 이로써 로마 제국은 확실히 두 나라로 갈라섰어요. 로마 제국의 힘은 더 약해졌지요. 그 뒤로 두 나라의 운명은 완전히 달라졌어요. 두 나라의 운명은 어떻게 됐을까요?

서로마 제국은 그리 오래 살아남지 못했어요. **476년에 게르만 족 출신의 군사령관 오도아케르가 서로마 제국의 황제를 강제로 끌어내렸어요.** 그러고는 자신이 황제가 됐지요. 이렇게 해서 서로마 제국은 역사 속으로 사라졌어요. 더불어 유럽 중부와 서부에 게르만 족의 시대가 활짝 열렸지요.

이에 비해 **동로마 제국은 이후로도 1000년간 더 이어졌어요.** 하지만 1000년 동안 동로마 제국은 본래의 로마 제국과 많은 점이 달라졌어요. 아마도 로마 제국의 수도를 비잔티움으로 옮기는 순간부터 그랬을 거예요.

동로마 제국의 정치는 공화정의 전통이 살아 있는 로마보다는 페르시아의 정치와 더 많이 닮았어요. 황제의 권한이 더 강했지요. 문화도 로마보다는 페르시아, 그리스와 더 많이 닮았어요.

바로 이런 점 때문에 동로마 제국을 '비잔티움 제국'이라고 불러요. 그러니까 로마 공화정에서부터 카이사르, 아우구스투스를 거치며 발전한 로마 제국의 역사는 서로마 제국이 멸망한 476년에 끝났다고 할 수 있어요.

우리가 살펴볼 로마의 역사는 여기까지예요. 이제 아시아로 넘어가 볼까요? 그곳에 또 하나의 강력한 제국이 버티고 있거든요.

지도 위 세계사
이탈리아에서 만나는 로마 제국

이탈리아는 어떤 지역을 가더라도 로마 제국의 유적지를 만날 수 있어요.
로마 제국의 흔적이 남아 있는 아름다운 이탈리아의 도시로 함께 떠나 보아요.

베로나

아레나 원형 극장

베로나는 이탈리아 북부 평야 지대에 있어요. 로마 시대 유적으로 아레나 원형 극장이 남아 있어요. 아레나 원형 극장은 유럽에서 세 번째로 커요. 이 극장에서 검투사들이 맹수들과 대결을 벌였다고 해요.

티볼리

티볼리는 로마 시로부터 30킬로미터(km) 정도 떨어져 있어요. 로마 제국 때 여름 휴양지로 인기가 매우 높았어요. 부유한 로마 사람들은 이곳에 별장을 짓고 여름을 보냈지요. 로마 황제 하드리아누스도 이곳에 별장을 지었는데, 그것이 '빌라 아드리아나'예요. 빌리 아드리아나 외에 티볼리 수도교 등이 남아 있어요.

티볼리 수도교

빌라 아드리아나

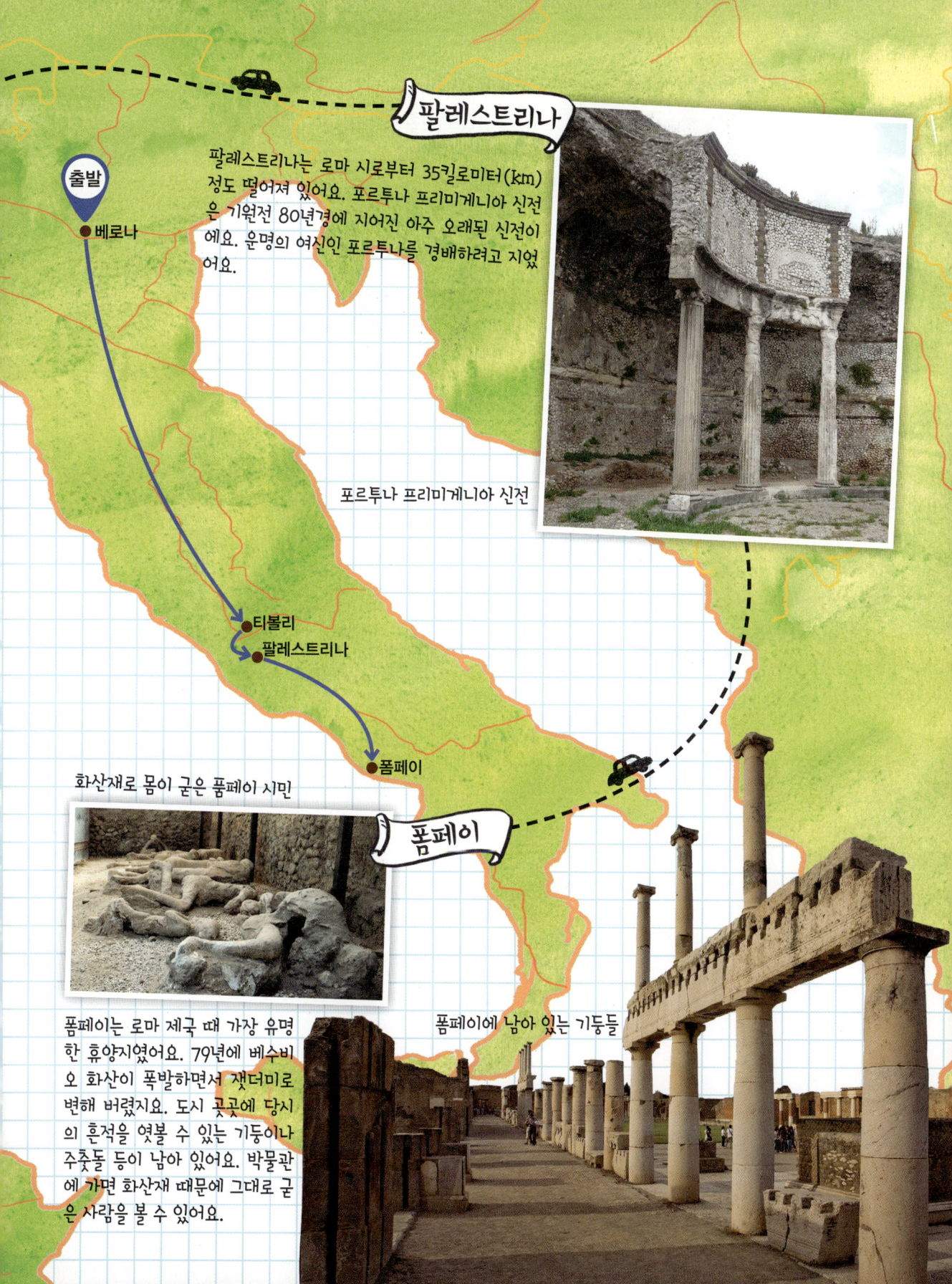

기원전 221년 진의 시황제, 중국 통일
기원전 202년 유방, 한 건설

기원전 221년
진의 시황제, 중국 통일

기원전 213년
분서갱유 시작

4장

중국의 첫 통일 제국, 진

로마가 고대 유럽의 중심으로 성장하고 있을 때,
중국에서는 중국 전체를 지배하는 강력한 통일 제국이 탄생했어요.
그 나라가 바로 진이에요. 오늘날 중국을 차이나(China)라고 하는데,
진에서 나온 말이랍니다. 그런데 사실 진의 역사는 그리 길지 않아요.
그런데도 진이 어떻게 해서 중국을 대표하는 나라가 된 것일까요?
지금부터 중국 최초의 통일 제국, 진의
흥미진진한 역사를 살펴보러 함께 떠나요.

기원전 209년	기원전 206년	기원전 202년
진승·오광의 난	진 멸망	유방, 한 건설

진이 중국을 통일했어요

중국 역사에서 가장 혼란스러웠던 때를 꼽으라면 춘추·전국 시대일 거예요. 춘추·전국 시대는 무려 500여 년이나 계속됐어요. 춘추·전국 시대는 어떻게 시작됐을까요? 중국 역사를 다시 한 번 정리해 볼게요.

오래전에 중국 황허 강 일대에 주가 있었어요. 주의 왕은 자식이나 신하에게 땅을 내려 주고 그 땅을 다스리도록 했어요. 땅을 받은 자식이나 신하는 제후가 되고, 제후가 다스리는 땅은 제후국이 됐어요.

주는 꽤나 번성했어요. 제후국들은 주를 잘 섬겼어요. 하지만 세월이 지날수록 주의 힘은 점점 약해졌어요. 그러자 중국 북쪽에 있던 유목 민족이 주를 침략했어요. 이때 주의 왕이 목숨을 잃었어요.

새 왕이 왕위에 올랐지만 무시무시한 유목 민족이 또 쳐들어올까 봐 두려웠어요. 결국 새 왕은 유목 민족을 피하려고 기원전 770년에 수도를 동쪽에 있는 낙읍(뤄양)으로 옮겼어요. 이를 '주의 동천'이라고 해요. 이때부터를 동주 시대라고 하고, 그 이전을 서주 시대라고 해요. 동주 시대가 바로 춘추·전국 시대예요.

춘추·전국 시대는 춘추 시대와 전국 시대로 나누어져요. 춘추 시대에는 다섯 나라가 가장 강했어요. 이 다섯 나라를 '춘추 5패'라고 불렀어요. 이어진 전국 시대에는 일곱 나라가 중국의 통일을 놓고 승부를 벌였어요. 이 일곱 나라를 '전국 7웅'이라고 불렀지요. 진은 전국 7웅에

속해 있는 나라였어요. **기원전 221년에 진의 시황제가 춘추·전국 시대를 끝내고 중국을 통일했어요.** 중국을 처음으로 통일한 시황제가 진의 왕이 되기까지의 이야기를 들려줄게요.

전국 시대가 끝나갈 무렵에 전국 시대의 강대국인 조에서 한 아이가 태어났어요. 이 아이의 아버지는 조에 인질로 잡혀 와 있는 진의 왕자 자초였어요. 아이의 이름은 정이었어요. 이 아이가 훗날 중국을 통일한 시황제예요. 하지만 아무도 정이 중국을 통일하리라고는 생각하지 못했을 거예요. 정의 아버지인 자초가 조에 잡혀 있는 인질이었으니까요. 자초는 조와 진 사이에 전쟁이라도 터지면 언제 죽을지 알 수 없는 신세였어요.

그렇지만 자초는 진으로 돌아가 왕이 됐어요. 물론 이 일이 저절로 이뤄진 건 아니에요. 보이지 않는 곳에서 자초가 진의 왕이 될 수 있도록 도와준 사람이 있었어요. 그 사람이 전국 시대 최고의 상인인 여불위예요.

여불위는 여러 나라를 다니며 장사를 하다 조에서 자초를 만났어요. 자초를 만난 여불위는 자초를 진의 왕에 앉히면 자신도 큰 권력을 잡을 수 있다고 생각했어요. 그래서 자초가 왕이 될 수 있도록 도와주었지요. 결국 자초가 왕이 됐어요. 여불위는 진에서 왕 다음으로 높은 재상에 올랐어요.

자초는 왕이 된 지 3년 만에 죽었어요. 자초의 아들 정이 열세 살의 어린 나이에 왕이 됐지요. 정도 여불위를 믿고 따랐어요. 여불위는

정이 왕이 된 뒤에도 계속해서 권력을 잡을 수 있었어요. 하지만 정이 어른이 되자 여불위의 운명은 바람 앞에 등불 신세가 돼 버렸어요. 정은 여불위가 지나치게 많은 권력을 가진 것이 마음에 들지 않았어요. 정은 여불위를 쫓아냈어요. 그 뒤 여불위는 스스로 목숨을 끊었어요.

여불위를 몰아낸 정은 진을 강하게 만들었어요. 기원전 230년에 정은 통일 전쟁을 시작했어요. 주변 나라가 잇달아 쓰러졌지요. 마침내 기원전 221년에 진의 군대가 마지막 남은 제를 정복했어요. 이렇게 해서 정은 서른아홉 살의 나이에 중국을 최초로 통일했어요.

여기서 잠깐, 이 무렵의 중국과 유럽의 역사를 비교해 볼까요? 중국에서는 기원전 770년 무렵에 춘추·전국 시대가 시작됐어요. 그로부터 17년이 지난 뒤 로마가 건국됐어요. 로마는 나라의 힘을 차곡차곡 쌓아 기원전 272년에 이탈리아 반도를 통일했지요. 로마가 이탈리아 반도를 통일한 지 50여 년이 흐른 뒤인 기원전 221년에 중국에서는 진이 춘추·전국 시대를 끝내고 중국을 통일했어요. 비슷한 시기에 중국과 이탈리아에서 처음으로 통일 국가가 세워진 거예요.

그 뒤 로마와 중국은 똑같이 '제국의 시대'를 향해 나아갔어요. 로마는 카르타고와 헬레니즘 제국을 정복하고, 카이사르와 아우구스투스 때에 이르러서는 유럽, 소아시아, 북아프리카를 다스리는 로마 제국으로 성장했지요. 이제, 중국을 통일한 진은 어떤 길을 걸었는지 알아볼까요?

중국의 영토가 크게 넓어졌어요

중국을 통일한 뒤 정은 왕의 칭호를 '황제'로 바꾸었어요. 황제란 말은 중국 고대 설화에 나오는 다섯 명의 전설적인 왕인 '삼황오제'에서 나온 말이에요. 삼황오제를 하나로 합쳐 황제라고 한 거지요. **정은 스스로를**

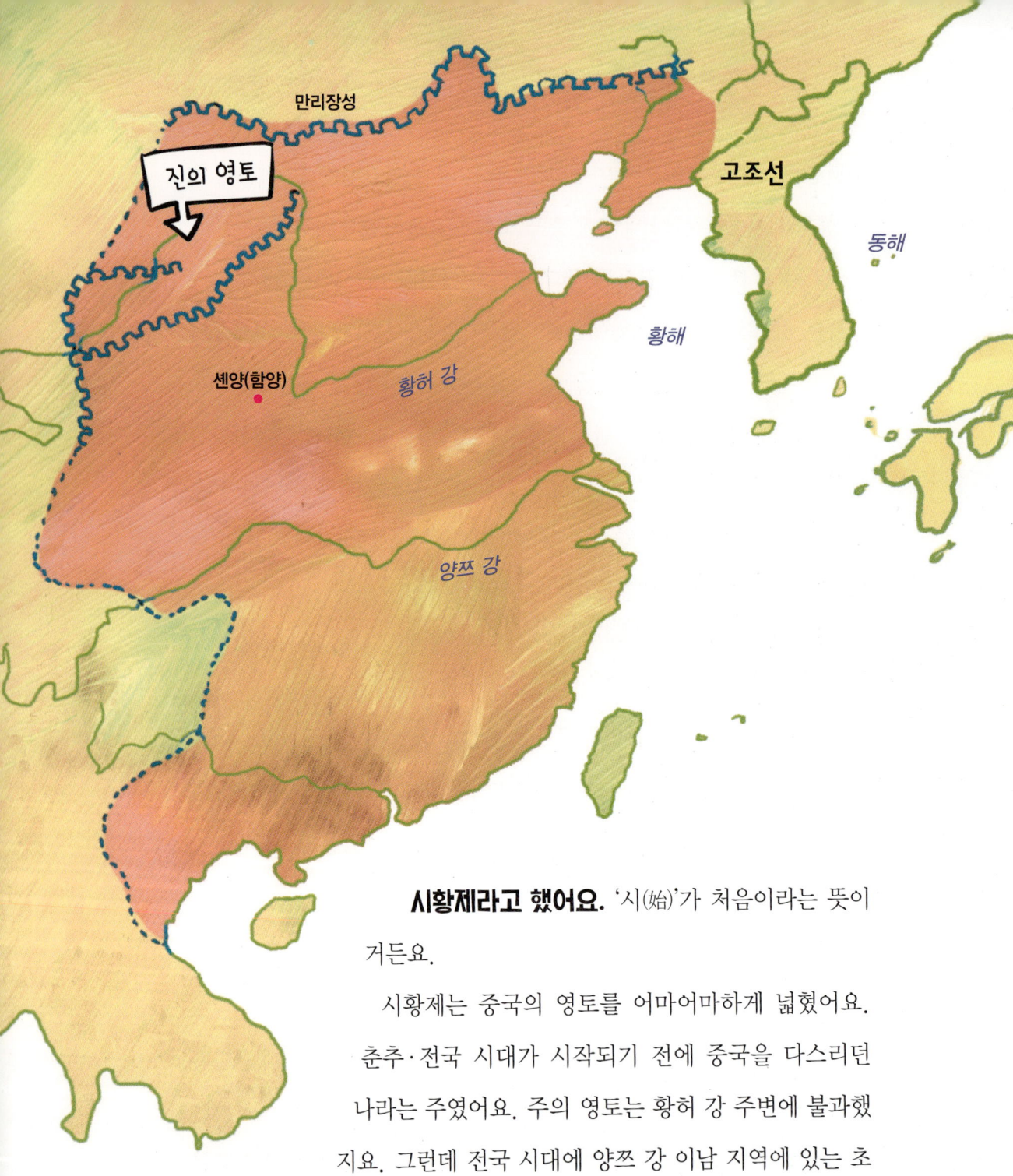

시황제라고 했어요. '시(始)'가 처음이라는 뜻이거든요.

시황제는 중국의 영토를 어마어마하게 넓혔어요. 춘추·전국 시대가 시작되기 전에 중국을 다스리던 나라는 주였어요. 주의 영토는 황허 강 주변에 불과했지요. 그런데 전국 시대에 양쯔 강 이남 지역에 있는 초

등이 중국 통일 전쟁에 뛰어들면서 중국 영토가 크게 넓어졌어요. 진의 영토는 북쪽으로는 만리장성 이남까지, 남쪽으로는 베트남 북부에 이르러 오늘날 중국 영토와 거의 비슷해요. 사실 진을 제국이라고 부르는 것도 영토가 넓었기 때문이에요. 진의 영토가 주처럼 좁았다면 제국이라고 부를 수 없었겠지요. 넓은 영토는 제국이 갖춰야 할 가장 중요한 요건이에요.

시황제는 길이, 부피, 무게 등의 단위를 재는 단위인 도량형을 비롯해 화폐, 문자를 통일했어요. 전국 시대의 각 나라는 도량형, 화폐, 문자 등이 모두 달랐거든요. 지역마다 도량형, 화폐, 문자가 다르면 어떨까요? 황제의 생각이나 뜻을 지방에 정확하게 전하기가 어려울 거예요. 나라 안에서 쓰는 문자와 도량형, 화폐가 같아야 황제의 명령이 지방 구석구석에 정확하게 전해지겠지요. 도량형, 화폐, 문자가 통일되면서 진에서는 상업이 발달할 수 있었어요.

시황제는 나아가 전국 시대 진에서 실시하던 군현제를 나라 전체에서 실시했어요. 전국을 36개의 군으로 나누었고, 군 밑에는 현을 두었어요. 모든 군과 현에는 황제에게 충성하는 관리를 내려보내 황제의 뜻에 따라 다스리게 했어요. 이것을 '군현제'라고 해요. 이를 위해 전국을 연결하는 도로를 건설하고 마차나 수레의 바퀴 폭까지도 정했지요.

시황제는 여러 정책을 실시해 광대한 영토를 다스릴 수 있었어요. 이렇게 중앙 정부의 통치가 지방 구석구석까지 미치는 정치 형태를 '중앙 집권 정책'이라고 한답니다. 중앙 집권 정책은 그 뒤 동아시아로 퍼져 우리나라에도 전해졌어요. 우리나라에서는 삼국 시대인 1~2세기 이후에 중앙 집권 정책이 실시됐어요. 유럽에서는 16세기가 되어서야 실시됐지요.

시황제는 북쪽 국경에 만리장성을 쌓아 국경을 튼튼하게 했어요. 만리장성 같은 대규

이제 흉노의 침입은 없을 것이오!

모 공사는 강력한 힘이 있는 나라만 할 수 있어요. 공사에 엄청난 돈이 들어가고 사람들도 많이 필요하니까요. 유럽에서는 로마 제국이 도로 등을 비롯한 대규모 공사를 했지요.

시황제가 쌓은 만리장성은 우주선이 지구에서 멀어질 때 가장 마지막까지 눈으로 확인할 수 있는 건축물이라고 알려져 있어요. 그만큼 거대한 성벽이에요. 지금 남아 있는 만리장성의 총길이는 6300킬로미터(km)가 넘어요. 만리장성에는 5700여 개의 봉화대와 7000여 개의 망루가 설치되어 있어요. 중국의 학자들은 원래 만리장성의 길이는 3만~4만 킬로미터(km) 정도였을 거라고 해요.

물론 시황제가 만리장성을 모두 쌓은 건 아니에요. 춘추·전국 시대에

각 나라가 쌓았던 성벽을 이은 거지요. 만리장성은 그 뒤 명 때까지 조금씩 손보고 고치면서 더 쌓았어요. 처음에는 흙으로 쌓았는데, 점차 벽돌로 쌓았지요. 만리장성 성벽의 폭은 그 위에서 병사들이 행군을 하거나 말을 달릴 수 있을 만큼 넓어요.

만리장성은 왜 쌓았을까요? 유목 민족의 침략을 막기 위해서였어요. 얼마나 강한 유목 민족이기에 시황제가 만리장성처럼 높고 튼튼한 성벽을 쌓았던 것일까요? 시황제가 막으려고 했던 유목 민족은 흉노였어요. 흉노는 중국의 북쪽에 살았어요. 말을 아주 잘 탔고, 무서움을 몰랐지요. 흉노는 양이나 말을 치며 뿔뿔이 흩어져 살다가 세력이 커지면 주변 지역을 쳐들어가 약탈을 일삼았어요. 중국을 통일할 정도로 강한 진의 군대도 흉노를 막지 못했어요.

시황제는 호시탐탐 진으로 쳐들어와 백성들을 괴롭히는 흉노를 막으려고 거대한 토목 공사를 한 거예요. 만리장성을 쌓은 뒤에 흉노의 침략은 뜸해졌어요. 이때부터 **만리장성이 성벽 북쪽에 있는 유목 민족과 성벽 남쪽에 있는 한족을 나누는 경계선이 됐답니다.**

중국의 영어 이름인 차이나(China)는 진에서 나온 이름이에요. 어마어마한 영토를 지배하고, 중앙 집권 정책을 실시했으며, 지금까지 남아 있는 가장 큰 건축물을 쌓아 '중국 제국'을 최초로 세운 나라, 그 나라가 바로 진이기 때문이에요. 진이 중국 역사에서 얼마나 중요한지 알 수 있겠지요?

시황제는 아방궁과 거대한 무덤을 만들었어요

1974년에 중국 산시 성 시안에 있는 시황제의 무덤 근처에서 어마어마한 병마용이 들어 있는 굴이 발견됐어요. 병마용은 병사와 말을 실제 크기로 만든 흙 인형이에요. 한 농부가 우물을 파다가 우연히 찾아낸 것이지요.

병마용이 늘어서 있는 병마용 굴

네 개의 땅굴에는 전차가 130여 대, 마차를 모는 말이 500여 필, 기병이 타고 있는 말이 110여 필, 병사 인형 70000여 점이 있었어요. 병사 인형의 모습은 모두 달랐고, 계급에 따라 차고 있는 무기도 달랐어요. 무기는 모두 진짜였지요. 병마용은 줄을 맞춰 서 있는데, 모두 서쪽을 바라보고 있어요. 병마용 굴의 서쪽에 있는 시황제의 무덤을 지키기 위해서였어요.

시황제의 무덤을 지키는 병마용들이 이렇게 많았으니 시황제의 무덤은 실제로 얼마나 컸을까요? 하지만 무덤의 정확한 모습은 알 수 없어요. 시황제가 죽고 초와 한이 천하를 다투던 때에 항우가 시황제의 무덤을 파괴해 버렸거든요. 그때 항우의 부하 30만 명이 30일이나 걸려서 무덤 안의 보물을 꺼냈다고 해요. 시황제의 무덤은 그야말로 거대한 보물 창고나 다름없었던 거지요. 학자들은 시황제의 무덤의 높이가 100미터(m) 이상이었을 것으로 보고 있어요. 시황제의 관에 아무도 다가갈 수 없도록 여러 겹으로 쌓고, 무덤을 만드는 데만 40년 가까이 걸렸다고 해요. 무덤 안에 여러 궁전과 탑, 궁전에서 옮겨 온 희귀한 보물과 보석이 가득했다고 전해요.

시황제가 죽은 뒤에 들어갈 무덤을 이렇게 어마어마한 크기로 만들었다면, 살아 있는 동안 살았던 궁궐은 얼마나 화려했을까요? **시황제의 궁궐을 '아방궁'이라고 하는데, 지금도 평범한 사람은 상상하지 못할 정도로 화려한 저택을 '아방궁 같다'라고 해요.** 아방궁의 크기와 모습은 정확하게 알 수는 없어요. 항우가 아방궁도 불태워 버렸거든요. 아방궁이 얼마나 크고 넓은지 태우는 데만 3개월이 걸렸다고 해요.

시황제는 왜 이렇게 거대한 무덤과 궁궐을 만들었을까요? 시황제는 영원히 살고 싶어 했어요. 그래서 영원히 늙지 않고 오래오래 살 수 있는 '불로초'를 구하려고 전국 방방곡곡으로 군사를 보내기도 했어요. 아마도 불로초를 구하지 못해 자신의 무덤과 무덤을 지키는 병사를 이렇게 어마어마하게 만들었을 거예요.

시황제가 유학서를 불태웠어요

시황제는 흉노를 막으려고 만리장성을 쌓았어요. 황제의 위엄을 보이려고 아방궁을 짓고, 거대한 무덤도 만들었어요. **만리장성, 아방궁, 시황제의 무덤을 건설하는 데는 큰돈과 사람이 필요했어요. 이 모든 일은 백성들의 몫이었어요. 백성들은 괴로운 나날을 보내야 했어요.** 세금도 많이 내야 했고, 공사에도 자주 불려 나가야 했으니까요. 시황제는 엄격한 법에 따라 가혹하게 백성들을 다스렸어요. 조금만 법을 어겨도 벌을 받았지요. 세금을 내지 않거나 공사장에 가지 않고 도망가면 바로 처형됐어요. 백성들에게는 그야말로 지옥이나 다름없었지요.

진에서 시황제를 비판하는 소리가 높아졌어요. 특히 유가를 비롯한 제자백가 학자들의 비판이 거셌지요. 시황제는 자신을 비판하는 학자들을 어떻게 대했을까요? 그에 관한 이야기를 들려줄게요.

기원전 213년의 어느 날 밤이었어요. 궁궐에서 큰 잔치가 열렸어요. 많은 신하가 참석해 잔치를 즐겼지요. 잔치가 한창 무르익을 무렵에 한 신하가 이렇게 주장했어요.

"주 시절의 봉건제로 돌아가야 합니다. 지금의 군현제는 옳지 않습니다!"

그 신하는 시황제가 실시하는 강력한 중앙 집권 정책이 마음에 들지 않았던 거예요. 그러자 시황제와 가장 가까운 신하인 승상 이사가 그 신하의 말을 막았어요. 하지만 이사는 아무래도 안 되겠다 싶었는지 잔치가 끝난 뒤에 시황제에게 이렇게 말했어요.

"황제 폐하, 배웠다고 하는 자들이 백성을 혼란케 하고 황실을 어지럽히고 있사옵니다. 이는 유가와 같은 사악한 학문이 있기 때문입니다. 진에 관한 서적, 의술, 농경, 점술 같은 생활에 꼭 필요한 서적과 법가 서적을 빼고는 모두 태워 버리시옵소서."

시황제가 가만히 생각해 보니 이사의 말이 맞는 것 같았어요. 시황제는 곧 이사가 말한 책만 남기고 모든 책을 거둬 태우라고 명령했지요. 이것을 '분서'라고 해요. 분서는 '책을 불태운다'는 뜻이에요.

분서를 일으킨 다음 해에 시황제는 자신의 정책을 비판한 수많은 유학자를 죽였어요. 그런데 그 방법이 너무나 잔인했어요. 유학자들을 산 채로 구덩이에 넣고 파묻어 버린 거예요. 유학자들을 땅에 묻는 것을 '갱유'라고 해요. 그래서 책을 불태우고, 유학자를 땅에 묻는 것을 '분서갱유'라고 한답니다.

분서갱유가 일어난 이후 유학지와 유가 서적은 자취를 감췄어요. 유학자란 사실이 알려지면 목숨이 위태롭고, 유가 서적을 숨겼다 들키면 곤욕을 치르니까요. 유학자들이 다시 정치에 나선 것은 한 때였어요. 만약 한에서도 유학자들을 탄압했다면, 유학은 사라졌을 거예요. 그렇게 됐다면 오늘날 유학은 전해지지 않았을 수도 있겠지요?

시황제가 죽고, 백성들은 반란을 일으켰어요

기원전 210년에 시황제는 지방을 둘러보다가 세상을 떠났어요. 시황제는 죽기 전에, 장남이자 황태자인 부소에게 황제 자리를 물려주라는 유언을 남겼어요. 하지만 부소는 황제에 오르지 못했어요. 간신 조고가 권력을 차지하려고 시황제의 죽음을 부소와 백성들에게 숨기고 가짜 유언장을 만들었기 때문이에요. 가짜 유언장에는 부소가 아닌 작은아들인 호해에게 황제 자리를 물려준다는 내용이 적혀 있었어요.

조고는 아직 나이가 어린 호해를 황제에 앉히고는 정치를 쥐락펴락했어요. **백성들의 삶은 더욱 어려워졌지요. 결국 참다못한 백성들이 반란을 일으켰어요. 이 난이 진승·오광의 난이에요.** 진승·오광의 난이 어떻게 일어나게 됐는지 그 이야기를 들려줄게요.

시황제가 죽은 지 1년이 지난 뒤였어요. 한 무리의 농민들이 어디론가 가고 있었어요. 그들은 공사장에 일하러 가는 중이었어요. 그런데 때마침 길고 지루한 여름 장마가 시작됐어요. 비 때문에 발걸음은 느려졌지요. 그러다 보니 제 날짜에 맞춰 공사장에 도착할 수 없었어요.

진에서는 제 날짜에 공사장에 도착하지 못한 사람은 무조건 처형했어요. 그러니 비 때문에 늦어진 농민들이 공사장에 가더라도 목숨을 잃게 될 것이 뻔했어요. 농민들은 두려움에 벌벌 떨었어요.

바로 그때 진승과 오광이 이렇게 말했어요.

"공사장에 가도 죽고, 공사장에 가지 않아도 죽습니다. 그럴 바에야 싸우다 죽는 게 낫지 않겠습니까? 진은 우리를 착취하는 것 말고는 아무것도 베푼 게 없습니다. 진을 무너뜨립시다!"

진승과 오광이 반란을 일으키자 진에 불만이 많았던 농민들이 속속 반란군으로 들어왔어요. 농민군은 계속 진의 군대를 무찔렀지요. 결국 반란군의 우두머리 진승이 새 나라의 건국을 선포하며 왕위에 올랐어요. 하지만 진승이 세운 나라는 그리 오래가지 못했어요. 진승과 오광이 잇달아 죽고, 농민군 지도자들이 서로 권력을 차지하려고 싸웠기 때문이에요.

진승·오광의 난은 실패로 끝났어요. 그렇지만 진승·오광의 난을 시작으로 진의 여기저기에서 봉기가 잇달아 일어났어요.

유방과 항우가 천하를 두고 다투었어요

시황제가 죽은 뒤 중국은 다시 싸움터가 됐어요. 귀족 출신부터 평민 출신까지 다양한 영웅이 나타나 천하를 차지하려고 싸웠어요. 그중 두 사람을 꼭 기억해야 해요. 바로 '유방'과 '항우'랍니다.

유방과 항우의 싸움을 '초·한 전쟁'이라고 해요. 중국의 유명한 역사 소설 〈초한지〉가 바로 유방과 항우의 이야기를 다룬 거예요.

유방은 지방의 말단 관리였어요. 어느 날 농민들을 이끌고 공사장으로 가는 도중에 농민들이 모두 달아나 버렸어요. 유방도 처벌을 받을까 봐 농민들을 따라 산으로 달아났어요. 이 무렵 진승·오광의 난이 일어났는데, 유방은 '나도 영웅이 될 수 있지 않겠는가?'라고 생각했어요. 마침 주변에 있던 사람들도 그에게 난을 일으키자고 권했어요.

유방은 자신의 근거지인 패

현에서 난을 일으켰어요. 점차 유방의 세력이 커졌어요. 유방을 따르는 병사가 100여 명에서 3000여 명으로 늘어났어요. 그렇지만 3000여 명의 병사로는 천하를 차지할 수 없었어요. 유방은 항량의 부대와 손을 잡았어요.

항량은 전국 시대에 있던 초의 귀족 가문 출신으로, 아주 용맹한 장수였어요. 항량의 부대는 여러 반란군 무리 중에서도 가장 뛰어났지요. 항량은 곧 반란군의 우두머리가 됐고, 얼마 뒤에는 초의 왕족을 찾아 황제로 삼았어요. 이 황제가 의제예요. 항량이 세상을 떠난 뒤 그의 뒤를 이어 조카가 반란군의 우두머리가 됐어요. 그 사람이 항우예요. **항우는 매우 뛰어난 장수였어요.** 싸움터에서는 늘 앞장서서 싸웠지요. 덩치도 컸고, 힘도 아주 세서 사람들은 그를 '역발산기개세(力拔山氣蓋世)'라고 했어요. '산을 뽑는 힘과 세상을 덮을 만한 기개'를 가진 사람이라는 뜻이었어요.

진의 운명은 바람 앞에 등불과 같았어요. 그런데도 진의 황제는 간신들에게 둘러싸여 허수아비 노릇을 하였고, 관리들은 백성들을 못살게 굴었어요. 반란군들은 점점 힘을 키웠지요.

반란군들은 힘을 모아 진의 수도 셴양(함양)으로 쳐들어가기로 했어요. 셴양을 차지하면 진을 차지하는 것과 같지요. 반란군이 황제로 세운 의제는 반란군의 장수들에게 이렇게 선언했어요.

"여러 장수는 들어라. 너희들 중에 셴양을 가장 먼저 점령하는 장수를 왕으로 삼겠다!"

유방과 항우를 비롯한 반란군들은 셴양을 향해 나아갔어요. 가장 먼저 셴양에 도착한 반란군은 유방이었어요. **유방은 진의 제3대 황제로부터 황제의 도장인 옥새를 넘겨받았어요.** 이때가 기원전 206년이에요. 이렇게 해서 중국 최초의 제국을 건설한 진은 15년 만에 역사 속으로 사라졌답니다.

유방이 중국의 새 주인이 됐어요

진의 옥새를 받은 유방이 황제가 됐을까요? 아니에요. 전투를 치르느라 뒤늦게 셴양에 도착한 항우가 가만 있지 않았어요. 항우는 옥새를 빼앗으려고 유방을 공격할 준비를 했어요. 만약 유방과 항우가 싸우게 되면 병사의 수가 적었던 유방이 질 게 불을 보듯 뻔했지요. 그러니 유방은 일단 물러서기로 했어요.

　유방은 항우에게 진의 옥새를 넘겨주었어요. 그러면서 옥새를 차지하려는 뜻은 없었으며 항우에게 넘기기 위해 잠시 보관하고 있었을 뿐이라고 했어요. 항우의 부하들은 유방을 죽이자고 했어요. 기고만장해진 항우는 유방을 죽이지 않았어요. 유방은 훗날을 기약하며 달아났지요.

　셴양을 차지한 항우는 온갖 행패를 부렸어요. 아방궁을 불태우고 시황제의 무덤을 파헤쳤지요. 항우는 자신이 황제가 되기 위해 의제도 죽였어요. 유방은 진의 황족과 귀족을 잘 보살폈지만, 항우는 이들을 괴롭히고 죽였어요. **항우는 용맹한 장군이기는 했지만, 인자하고 현명한 지도자는 아니었던 거예요.**

항우는 유방을 비롯해 진을 무너뜨리는 데 공을 세운 반란군의 지도자들에게 땅을 내리고 그 지역을 다스리도록 했어요. 하지만 항우에게 땅을 받은 반란군의 지도자들은 불만이 컸어요. 진을 무너뜨린 대가가 너무 적다고 생각한 거지요. **반란군의 지도자들은 다시 반란을 일으켰어요. 이번에는 항우를 쫓아내려고 일으킨 거예요. 물론 유방이 앞장섰어요.** 처음에는 항우의 군대가 더 강했어요. 하지만 전쟁이 계속되면서 점점 유방의 군대가 더 잘 싸웠어요. 유방에게는 한신이라는 뛰어난 장수가 있었거든요. 마침내 유방은 지금의 허베이 성에서 가장 큰 강인 하이허 강 주변에서 항우의 군대를 겹겹이 둘러쌀 수 있었어요. 이때 한신이 꾀를 써서 항우의 군대를 완전히 무너뜨린 이야기가 전해요.

항우는 유방의 군대에 둘러싸였지만 항복하지 않고 버텼어요. 이때 한신이 한 가지 꾀를 생각해 냈어요. 한신은 초의 노래를 아는 병사들을 불러 모았어요. 그러고는 초의 노래를 구슬프게 부르도록 했어요. 초는 전국 시대 있던 나라로, 전국 7웅 중에 하나였어요.
초의 노래는 항우의 병사들 귀에 흘러들어 갔어요. 전쟁에 지친 항우의 병사들은 이 노래를 듣고 매우 슬퍼했어요. 그들은 대부분 초가 있던 지역에서 왔거든요. 고향이 그리워진 항우의 병사들은 하나둘씩 도망쳐 버렸어요. 더 이상 버틸 수 없었던 항우는 목숨을 걸고 탈출했어요. 그러나 곧 유방의 군대가 쫓아왔지요. 더 이상 도망갈 곳이 없자 항우는 스스로 목숨을 끊었어요.

이 이야기에서 나온 사자성어가 '사면초가(四面楚歌)'예요. '사방에서 초의 노래가 들려온다'는 뜻이지요. 보통 큰 위기를 맞았을 때 쓰는 말이에요.

항우와 유방의 대결에서 결국 유방이 승리했어요. 그런데 항우의 이야기에서 흥미로운 점이 있어요. 항우의 운명이 카르타고의 한니발과 여러 모로 닮았다는 거예요. 항우는 중국 전 지역을 휩쓸고 다녔고, 한니발은 이탈리아 전 지역을 휘젓고 다녔어요. 하지만 항우와 한니발은 결국 적에게 쫓기다 스스로 목숨을 끊었어요. 두 영웅이 사망한 시점도 거의 비슷하답니다.

마침내 유방이 중국을 다시 통일하는 데 성공했어요. 이때가 기원전 202년이에요. 유방이 세운 나라가 '한'이에요. 진에 이어 동아시아를 호령한 한 제국의 역사가 시작됐어요.

지도 위 세계사

중국에서 만나는 비단길

비단길은 역사상 가장 중요한 동서 무역의 통로였어요.
전체 길이만 6,400킬로미터(km)에 이르지요.
비단길 위에 있는 도시로 함께 여행을 떠나 보아요.

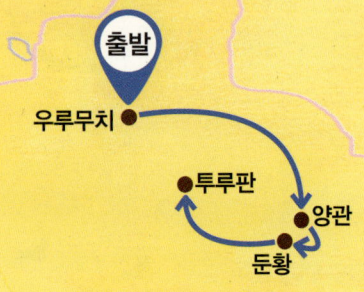

우루무치

우루무치는 중국 신장웨이우얼 자치구의 주도예요. '좋은 목초지'라는 뜻이지요. 톈산 산맥의 북쪽 기슭, 해발 915미터(m)에 있어요. 비단길의 요충지였어요. 이곳에는 위구르 어를 사용하는 위구르 족이 많이 살고 있어요. 우루무치 근처에는 넓은 초원이 펼쳐져 있어요.

양관

양관은 중국 간쑤 성에 있어요. 둔황에서 남서쪽으로 70여 킬로미터(km) 거리에 있는 도시예요. 예로부터 중국 서쪽 나라로 떠날 때 반드시 지나야 하는 곳이었어요. 서유기의 주인공인 현장이 지금의 인도인 천축국을 다녀올 때 지났던 곳이지요. 한때 썼던 봉화대가 남아 있고 실크로드의 유적을 전시해 놓은 박물관이 있어요.

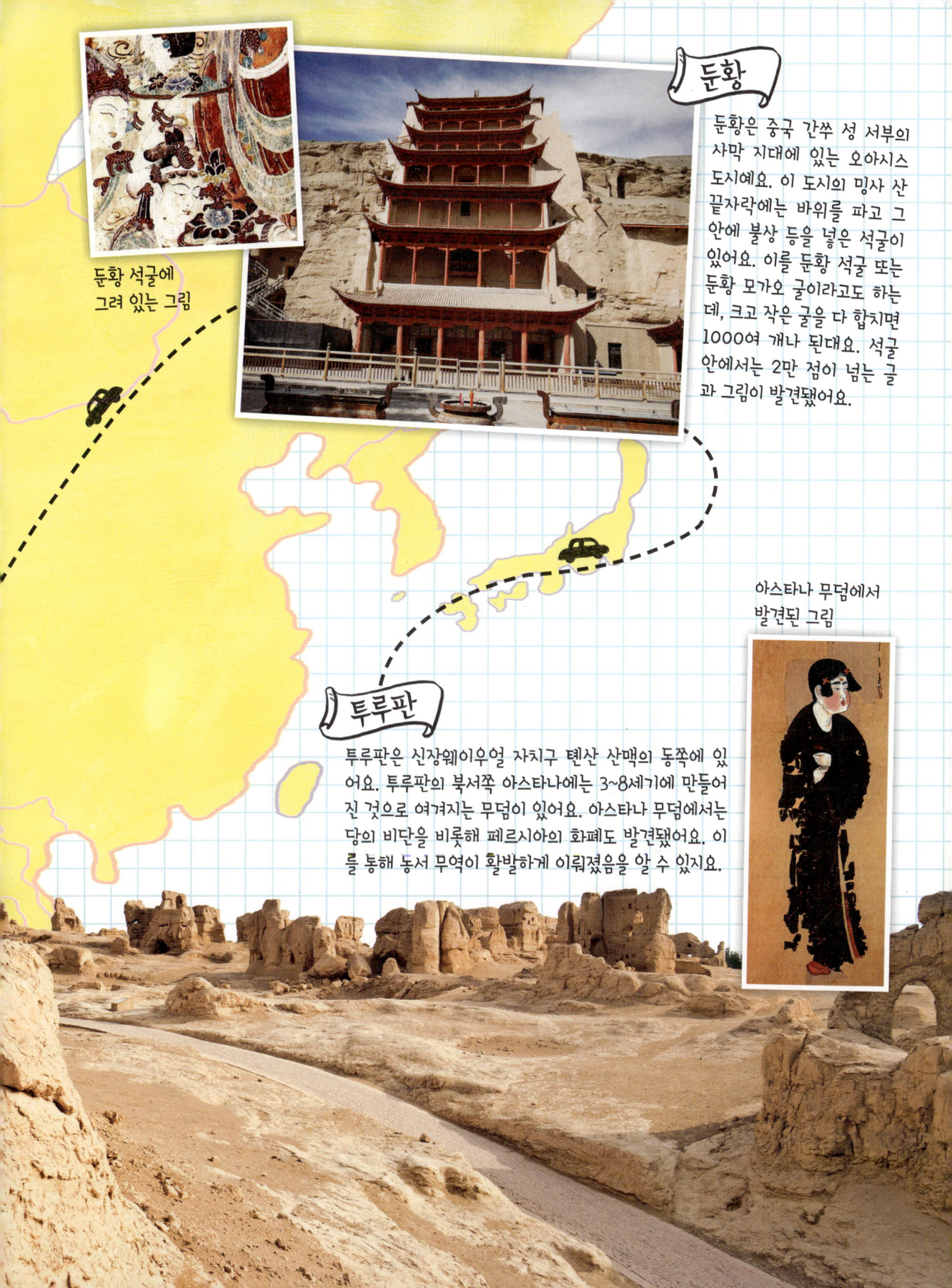

둔황

둔황은 중국 간쑤 성 서부의 사막 지대에 있는 오아시스 도시예요. 이 도시의 밍사 산 끝자락에는 바위를 파고 그 안에 불상 등을 넣은 석굴이 있어요. 이를 둔황 석굴 또는 둔황 모가오 굴이라고도 하는데, 크고 작은 굴을 다 합치면 1000여 개나 된대요. 석굴 안에서는 2만 점이 넘는 글과 그림이 발견됐어요.

둔황 석굴에 그려 있는 그림

아스타나 무덤에서 발견된 그림

투루판

투루판은 신장웨이우얼 자치구 톈산 산맥의 동쪽에 있어요. 투루판의 북서쪽 아스타나에는 3~8세기에 만들어진 것으로 여겨지는 무덤이 있어요. 아스타나 무덤에서는 당의 비단을 비롯해 페르시아의 화폐도 발견됐어요. 이를 통해 동서 무역이 활발하게 이뤄졌음을 알 수 있지요.

기원전 141년	기원전 154년	기원전 139년
한 무제 즉위	오초칠국의 난	장건 비단길 개척 시작

5장

한, 중국의 절정기를 맞다

중국을 통일한 유방은 중앙 집권 정책을 단단하게 만들었어요.
진 때 시작된 중앙 집권 정책이 한 때 완성된 거예요.
그래서 두 나라의 역사를 합쳐
'진한 제국의 시대'라고 부르는 경우가 많아요.
한은 중간에 역사가 잠시 끊어졌다가 이어진답니다.
이와 비슷한 시기에 로마는 제국의 시대로 접어들었어요.
동서양 제국을 비교하면서 역사를 이해하면
재미가 두 배라는 거, 잊지 마세요.

기원전 91년경	8년	25년	105년
사마천, <사기> 완성	왕망, 신 건국	광무제, 후한 건설	채륜, 종이 개량

무제가 영토를 넓히고 비단길을 개척했어요

천하를 통일한 유방은 장안을 수도로 삼았어요. 장안은 지금의 시안이에요. 한을 세운 유방은 고조가 됐어요. 고조는 황제가 된 뒤 한을 세우는 데 공을 세운 신하들을 죽여 버렸어요. 심지어 항우를 무찌르는 데 큰 공을 세운 한신도 없앴어요. 왜 그랬을까요? 신하들이 황제에게 대들어 나라가 혼란스러워지는 것을 막기 위해서였어요.

고조는 수도와 가까운 지역에 군현을 두었어요. 그리고 그곳에 관리를 내려보내 직접 다스렸어요. 먼 지방은 제후에게 땅을 주어 스스로 다스리게 했지요. 이를 '군국제'라고 해요. 군국제는 군현제에 봉건제를 섞은 거예요. 처음에 한을 세우는 데 공이 큰 신하를 제후로 삼았는데, 나중에는 제후들이 반란을 일으키려고 한다며 제후들을 죽이고 자신의 아들이나 친척을 제후로 삼았어요.

고조가 세상을 떠나자 한은 다시 혼란에 빠졌어요. 처음에는 황제의 외가 쪽 친척들이 권력을 휘두르는가 싶더니 얼마 뒤에는 제후들이 반란을 일으켰어요. 오와 초를 중심으로 일곱 제후국이 반란을 일으킨 거예요. 이 사건이 기원전 154년에 일어난 '오초칠국의 난'이에요. 난이 일어날 무렵에 한의 황제들은 제후들이 다스리던 땅을 야금야금 빼앗기 시작했어요. 왜 그랬을까요? 제후들이 힘을 키우지 못하도록 하기 위해서였어요. 제후의 힘이 강해지면 황제의 힘은 약해질 수밖에 없었거든요. 오초칠국의 난은 3개월 만에 황제의 승리로 끝이 났어요. 황제는 제후들을 죽인 뒤 관리를 내려 보내 지방을 직접 다스리도록 했어요.

비가 온 후에 땅이 더 단단해진다는 말이 있어요. 정치도 마찬가지랍니다. 나라에 혼란이 찾아왔을 때 혼란을 극복하지 못하면 나라가 망하지만 혼란을 잘 극복하면 나라가 번영해요. 로마도 칼리굴라나 네로 같은 폭군 때문에 생긴 혼란을 잘 견뎌 낸 덕분에 5현제 시대에 번영을 이룰 수 있었어요. 한도 마찬가지예요. 오초칠국의 난이 끝난 뒤 황제의 힘이 더 커졌어요. 이 무렵 무제가 제7대 황제가 됐어요. **무제는 중국 역사 전체를 통틀어 가장 강력한 황제로 손꼽혀요.**

무제는 먼저 한의 영토를 크게 넓혔어요. 이 과정에서 서역으로 가는 길이 뚫렸지요. 서역은 중국 서쪽에 있는 여러 나라를 통틀어 이르는 말이에요. 보통 중국에서 중앙아시아, 서아시아, 인도 등을 가리킬 때 써요. 한 무제가 뚫은 길을 '비단길'이라고 해요. 영어로는 '실크로드(Silk Road)'라고 하지요. 주로 중국의 비단이 이 길을 통해 서역으로 수출되었기 때문에 비단길이라고 부르게 됐어요. 비단길은 매우

중요한 교통로예요. 비단길을 통해 동양과 서양의 물품을 사고팔았거든요. 이 길을 통해 종이 만드는 기술도 서양으로 넘어갔지요. **비단길은 그 뒤 800년 이상 중국과 서역을 오가는 가장 중요한 길이었어요.**

비단길 말고도 중국과 서역을 오가는 통로가 또 있었어요. 대표적인 것이 초원길이에요. 초원길은 만리장성 북쪽 초원 지대에 있는 길이라 다니기가 편했어요. 하지만 한에서 이용할 수는 없었어요. 이 지역은 용맹한 유목 민족들이 차지하고 있었거든요. 중국 서북쪽 지역에 살던 흉노, 그 후의 돌궐이 초원길을 이용해 동양과 서역을 오가며 무역을 했어요. 13세기에는 몽골이 초원길을 통해 유럽으로 쳐들어갔답니다.

바닷길도 있었어요. 태평양과 인도양을 거쳐 서역으로 가는 통로였지요. 하지만 한에서는 바닷길을 많이 이용하지는 않았어요. 바닷길은 훗날 중국이 서아시아의 이슬람 왕조에 비단길을 빼앗긴 뒤부터 이용되기 시작했지요.

자, 이제부터 비단길을 어떻게 개척하게 됐는지 그 이야기를 들려줄게요.

장건 출정도

기원전 139년에 무제는 서역에 있는 대월지와 동맹을 맺으려고 장건을 보냈어요. 대월지와 힘을 합하면 흉노를 몰아낼 수 있다고 믿은 거예요. 흉노는 오랫동안 중국을 괴롭혔어요. 시황제도 흉노의 침입을 막으려고 만리장성을 쌓았고, 한의 고조도 흉노와 싸우다 포로가 될 뻔한 일도 있었어요.

장건이 대월지를 찾아가는 길은 쉽지 않았어요. 가는 길에 흉노에게 붙잡혀 오랫동안 포로 생활을 하기도 했지요. 장건은 10년 만에야 대월지에 도착했어요. 하지만 대월지의 왕은 "우리는 새 터전을 얻었다. 더 이상 흉노와 싸우지 않을 것이다."라고 말했어요. 장건은 하늘이 무너지는 줄 알았어요. 그동안의 고생이 모두 물거품이 된 거니까요.

장건은 뜻을 이루지 못한 채 장안으로 돌아왔어요. 이때가 기원전 126년이에요. 하지만 그냥 빈손은 아니었어요. 그동안 대월지를 다녀오면서 보고 듣고 본 것들을 무제에게 자세하게 보고했어요. 무제는 이를 바탕으로 흉노 토벌에 나서서 흉노를 고비 사막 너머로 쫓아낼 수 있었어요.

그 뒤 장건이 다녀온 길은 중국과 서역이 오가는 중요한 교통로가 됐지요. 이 길이 비단길이에요.

무제는 흉노를 쫓아냈을 뿐만 아니라 서쪽으로는 중앙아시아, 남쪽으로는 베트남 북부까지 영토를 넓혔어요. 그리고 이에 그치지 않고 동쪽으로 눈을 돌려 한반도 북쪽에 있는 고조선을 노렸어요. 고조선은 한반도 남부와 한 사이에서 무역을 하며 번영을 누리고 있었어요.

기원전 109년, 한의 군대가 고조선을 침략했어요. 고조선은 1년간 버텼지만 한의 군대를 막을 수는 없었어요. 결국 한의 군대는 고조선의 수도 왕검성을 함락했어요. **한은 고조선 영토에 낙랑군을 비롯한 4개의 군과 많은 현을 두고 관리를 내려보냈지요.**

우리나라의 입장에서는 참으로 안타까운 일이에요. 하지만 고조선이 멸망했다고 해서 우리 민족의 뿌리까지 없어진 건 아니었어요. 고조선 주변에는 이미 여러 나라가 발전하고 있었거든요. 만주 쑹화 강가에는 부여가 있었고, 한반도 동쪽에는 옥저와 동예가 자리 잡고 있었어요. 압록강 주변에는 부여에서 갈라진 고구려가 있었어요.

또한 고조선이 멸망한 뒤 많은 사람이 한반도 남쪽으로 옮겨가 마한과 진한, 변한의 발전에 큰 도움을 줬어요. 마한은 백제, 진한은 신라,

변한은 가야로 발전했어요. 결국 고조선이 뿌리가 되어 고구려, 백제, 신라 등 한반도 고대 국가들이 탄생한 거예요.

무제가 경제와 문화를 발전시켰어요

무제가 중국 역사에서 가장 강력한 황제로 꼽히는 까닭은 영토를 크게 넓혔기 때문만이 아니에요. 한이 평화와 번영을 누릴 수 있도록 많은 노력을 기울였기 때문이에요.

시황제는 법가를 나라를 다스리는 근본 원리로 삼고 유가를 비롯한 다른 사상을 모두 없애 버리려고 했어요. 그래서 유가와 관련된 책들을 비롯해 제자백가의 책들을 모두 불태우는 분서갱유를 일으켰어요. 하지만 무제는 달랐어요. **유가 사상을 받아들여 나라를 다스리는 근본 이념으로 삼았어요.** 유가 사상, 즉 유학이 법가보다 전쟁을 끝낸 안정된 나라에서 백성들을 다스리는 데 훨씬 알맞은 사상이었어요. 유학에서는 백성늘은 왕을 어버이처럼 따르고, 왕은 백성들을 자식처럼 어질게 다스려야 한다고 했거든요. 무제는 수도 장안에 학교를 세우고 학생들을 모아 유학의 경전을 가르쳤어요. 공부를 끝낸 학생은 시험을 거쳐 관리로 임명했지요. 이런 노력 덕분에 유학이 다시 살아났어요.

무제는 또 '연호'를 처음으로 썼어요. 연호는 연도의 차례를 나타내기 위해 붙이는 이름이에요. 오늘날에는 서양에서 만든 달력을 기준으로 연도를 세는 '서기'를 주로 쓰지만, 옛날 동아시아에서는 중국 황제가 왕위에 오르는 날을 기준으로 연도를 세는 경우가 많았어요. 예를 들면, 무제는 '건원'이란 연호를 사용했는데, '건원 10년'은 '건원을 사용한 지 10년 되던 해'라는 뜻이에요. 즉, 무제가 황제가 된 지 10년째 됐다는 말이지요. 중국의 황제들은 모두 자기만의 연호를 만들어 썼어요.

무제는 나라의 재정을 늘리기 위해서도 노력했어요. 오랫동안 흉노를 공격하고, 다른 나라를 정복하면서 나라의 재정이 바닥났거든요. **무제는 지방에서 만들던 화폐를 없애고 중앙 정부에서 만든 '오수전'이라는 화폐만 쓰도록 했어요.** 또한 사람들이 생활하면서 꼭 필요한 소금과 철을 나라에서만 팔 수 있도록 했어요. 그 결과 나라의 재정이 넉넉해졌어요.

수도인 장안은 세계 여러 나라에서 온 상인들로 북적였어요. 시장에는 별의별 상품이 다 있었지요. 그러다 보니 **장안은 인구수 50만 명에 이르는 큰 도시로 발전했어요.** 지금으로부터 2000년도 더 넘는 옛날에 50만 명이라니! 실로 어마어마하게 큰 도시였지요?

무제 때는 〈사기〉라는 유명한 역사책이 나왔어요. 사마천이 쓴 〈사기〉는 중국뿐만 아니라 세계 역사를

통틀어서 최초의 '통사'라는 평가를 받고 있어요. 통사는 어떤 시대를 정하지 않고 전 시대와 전 지역의 역사를 다룬 것을 말해요. 〈사기〉에는 설화 속의 황제 시대부터 한의 무제 시절까지의 약 3000년간의 역사가 기록되어 있어요.

워낙 방대한 역사를 다루다 보니 책의 분량도 130권이나 돼요. 〈사기〉는 다섯 분야로 나누어져 있는데, '본기'가 12권, '세가'가 30권, '열전'이 70권, '표'가 10권, '서'가 8권이에요. 본기는 제왕의 이야기, 세가는 제후들의 이야기, 열전은 왕이나 제후는 아니지만 두드러지는 인물의

이야기예요. 표는 말 그대로 연표예요. 서는 여러 제도를 정리해 놓은 거지요. 이처럼 중요한 인물의 이야기와 연표, 그리고 제도를 정리하여 역사책을 쓰는 방법을 '기전체'라고 해요. 〈사기〉는 세계 최초의 기전체 역사책이기도 해요. 기전체는 우리나라 역사책에도 영향을 미쳤어요. 고려 시대 때 김부식이 쓴 〈삼국사기〉가 우리나라의 대표적인 기전체 역사책이에요.

　　오늘날까지도 〈사기〉는 중국에서 가장 중요한 역사책으로 꼽히고 있어요. 사마천이 정확하게 역사를 기록해 놓았기 때문이에요. 이뿐만 아니라 〈사기〉는 훌륭한 문학으로 평가받고 있어요. 황제부터 백성에 이르기까지 수많은 사람의 이야기가 뛰어난 글솜씨로 펼쳐져 있기 때문이에요. 사마천이 〈사기〉를 쓸 때까지 많은 우여곡절이 있었어요. 사마천이 〈사기〉를 쓰면서 있었던 일을 들려줄게요.

　　사마천은 역사책을 편찬하고, 문서를 맡아보는 벼슬인 사관 가문에서 태어났어요. 사마천도 어른이 된 뒤 사관이 됐지요. 사마천은 중국의 설화 시대부터 한 무제까지의 역사책을 쓰기로 하고 모든 자료를 모아 역사책을 쓰기 시작했어요.

그런데 사마천에게 큰 위기가 닥쳤어요. 사마천이 이릉이란 장군을 황제 앞에서 두둔한 게 불씨가 됐지요. 이릉은 5000명의 병사를 이끌고 흉노의 10만 대군과 싸워 1만여 명을 죽이는 공을 세웠지만 흉노의 포로가 되었다가 항복한 장수였어요.

무제는 이릉을 처벌하려고 했어요. 다른 신하들은 무제가 무서워 입도 벙긋하지 못했어요. 하지만 사마천은 이릉을 감싸기 시작했어요. 용기 있는 행동이었지만 결과는 그리 좋지 않았어요. 화가 난 무제는 사마천을 옥에 가두고, 처형하라는 명령을 내렸어요.

사마천이 살 수 있는 방법은 많은 돈을 바치거나 남자의 생식기를 잘라 내는 방법이었어요. 생식기를 잘라 내는 형벌을 '궁형'이라고 해요. 돈이 없던 사마천은 고민에 빠졌어요.

'목숨을 잃으면 역사책을 쓸 수 없다. 어떡하든 살아남아야 평생 꿈꾸던 역사책을 쓸 수 있다.'

결국 사마천은 생식기를 잘라 내고 환관이 됐어요. 그리고 다시 문서를 다루는 업무를 맡았어요. 무제도 화가 풀려 사마천에게 높은 벼슬을 주었어요. 하지만 사마천은 평생 사람들의 손가락질을 받아야 했어요. 사마천이 치욕을 견디며 3000년 동안의 중국 역사를 기록한 역사책이 〈사기〉랍니다.

사마천의 의지가 정말 대단하지요? 사마천이 쓴 〈사기〉는 이후 역사책의 모범으로 자리 잡았어요.

왕망이 한을 무너뜨리고 신을 세웠어요

　무제는 무려 54년간 한을 다스렸어요. 그동안 한은 동아시아에서 가장 크고 힘센 나라였지요. 무제가 세상을 떠난 뒤에도 한동안 큰 혼란은 없었어요. 하지만 **한은 서서히 힘을 잃기 시작했어요. 이번에도 황제의 어머니 쪽 친척인 외척이 권력을 잡고 나라를 혼란스럽게 만들었어요.**

　기원전 33년에 나이 어린 성제가 제12대 황제가 됐어요. 그러자 외척인 왕씨 가문 사람들이 성제를 등에 업고 모든 권력을 독차지했어요. 나라는 혼란스러워졌고, 백성들은 점점 살기가 어려워졌지요. 그렇다고 해서 모든 외척이 백성들을 괴롭힌 것은 아니었어요. 성제의 외사촌인 왕망은 유학의 도덕을 실천하고, 매우 검소하게 살았어요. 높은 벼슬을 지낼 때도 마찬가지였어요. 맡은 일을 공정하게 처리하고 가난한 사람들을 위해 재산을 내놓기도 했어요. 백성들은 왕망을 믿고 따랐지요.

　성제와 그의 뒤를 이은 애제는 일찍 목숨을 잃었어요. 제14대 황제에 오른 평제는 아홉 살밖에 되지 않았지요. 이때의 재상이 왕망이었어요. 왕망은 어린 황제를 대신해서 나라를 다스렸어요. 그렇지만 왕망은 모든 권력을 독차지한 것에 만족하지 못했어요. 어린 황제를 죽이고는 먼 황실 사람을 불러 허수아비 황제로 앉혔어요. 얼마 뒤에 허수아비 황제로 하여금 이렇게 선언하도록 했어요.

"나, 한의 황제는 유학의 법도에 따라 가장 현명한 사람인 재상 왕망에게 황제의 자리를 넘겨주노라!"

이때가 서기 8년이었어요. **황제에 오른 왕망은 새로운 나라가 세워졌다는 것을 백성들에게 알렸어요. 이 나라가 '신'이에요.** 왕망은 먼저 토지 제도부터 개혁했어요. 백성들의 생활이 어려운 까닭은 대부분의 토지를 호족들이 독차지하기 때문이라고 생각했거든요. 호족은 넓은 땅을 가진 지방의 귀족을 가리키는데, 호족들은 세금을 내지 못한 농민들의 땅을 싼값에 사들여 점점 넓은 땅을 가지게 됐어요. 이뿐만 아니라 황무지를 개간하면서까지 자신들의 땅을 늘렸어요. 땅이 없는 농민들은 호족들의 땅을 빌려 농사를 지어야 했어요.

왕망은 '모든 땅은 국가의 것이다!'라고 선언했어요. 호족들의 땅도 당연히 국가의 것이 됐지요. 모든 토지가 국가의 소유가 됐으니 토지를 사고팔 수 없게 됐어요. 왕망은 토지를 백성들에게 골고루 나눠 주겠다고 했어요. 그러자 호족들이 강하게 반대했어요. 부패한 관리들도 토지 개혁을 실시할 수 없도록 방해했어요. 결국 **왕망의 토지 개혁은 실패했어요.** 왕망은 이 밖에 노비를 사고팔 수 없게 하고, 한의 화폐인 오수전도 없애 버리는 등 여러 가지 개혁 정책을 실시했지만 나라만 혼란스러워졌어요.

또 왕망은 주변 나라와 흉노를 정벌하겠다며 전쟁을 일으키려고 했어요. 전쟁을 하려면 큰돈이 필요했어요. 그 돈을 누가 내겠어요? 당연히 백성들이 냈어요. 왕망은 백성들에게 더 많은 세금을 거둬들였어요. 백성들의 삶은 더 궁핍해졌지요. **백성들이 곳곳에서 반란을 일으키기 시작했어요. 호족들도 더 이상 왕망을 황제로 인정하지 않았어요. 곧 중국이 전쟁터로 바뀌었어요.**

한의 황족 출신인 유수도 이 전쟁에 뛰어들었어요. 유수는 군대를 이끌고 궁궐로 쳐들어갔어요. 왕망은 몸을 숨길 만한 곳도 없었어요. 왕망은 궁궐 여기저기로 도망다니다가 병사의 칼에 찔려 죽었어요. 이때가 서기 23년이에요. 이로써 신의 15년 역사도 끝이 났어요.

광무제가 한을 다시 세웠어요

유수는 서기 25년에 낙읍(뤄양)에서 황제에 즉위했어요. 하지만 중국 전체를 차지한 것이 아니었어요. 수십만 명에 이르는 농민 반란군이 곳곳에 있었어요. 이들을 물리치지 못하면 중국이 안정된 것이 아니었어요. **유수는 황제에 즉위한 뒤 반란을 진압하는 데 온 힘을 쏟았어요. 서기 36년, 마침내 모든 반란을 진압하고 평화를 찾을 수 있었어요.** 유수가 황제가 된 뒤의 이름은 '광무제'예요. '무공으로 빛을 낸 황제'란 뜻이지요. 광무제가 수많은 전쟁을 치렀으며, 큰 승리를 거뒀다는 것을 강조한 이름이에요.

광무제는 한 왕조를 다시 세웠어요. 한 황족의 먼 친척인 광무제가 나라 이름을 새로 정하지 않고 한의 이름을 그대로 쓴 거예요. 한의 제도도 거의 그대로 이어받았지요. 그래서 **왕망 이전의 한을 '전한', 왕망 이후의 한을 '후한'이라고 부른답니다.** 전한의 역사가 약 200년, 후한의 역사가 약 200년 정도 돼요. 그러니까 한의 역사는 약 400년간 계속된 거지요.

이제 후한 이야기를 해 볼게요. 광무제는 백성들의 어려움을 덜어 주려고 했어요. 이를 위해 먼저 세금을 줄였어요. 더불어 많은 병사를 집으로 돌려보내 농사를 짓도록 했지요. 제2대 황제에 오른 명제도 광무제의 정책을 이어받았어요. 이러한 노력 덕분에 명제가 황제로 있을 때 후한은 평화와 안정을 누릴 수 있었어요. 명제 시절, 또 하나 기억해야 할 게 있어요. 바로 비단길이 다시 뚫린 거예요.

전한 무제 때 장건이 개척한 비단길은 시간이 흐르면서 거의 쓸모가 없어졌어요. 왜 그랬을까요? 무엇보다 나라가 혼란스러워서 비단길을 관리하지 못했기 때문이에요. 왕망이 세운 신 때도 마찬가지였어요. 게다가 흉노의 힘이 다시 강해졌지요.

명제는 나라가 안정되자 흉노를 쫓아내고 다시 비단길을 개척하여 서역과 무역을 하려고 했어요. **비단길을 다시 개척한 인물은 '반초'예요.** 명망 있는 문인 가문에서 태어난 반초는 궁궐에 있는 도서관에서 일했어요. 그런데 어느 날 반초가 무인이 됐어요. 흉노가 국경을 넘어와 백성들을 죽이고 약탈하는 데 크게 분노했거든요. 그래서 흉노 토벌대에 지원했지요.

서기 73년에 반초는 병사들을 이끌고 흉노를 토벌하면서 서쪽으로, 서쪽으로 나아

갔어요. 비단길 주변에 있는 수많은 나라도 정복했지요. 반초 덕분에 후한의 영토는 점점 커졌어요. 이 과정에서 재미있는 이야기도 생겨났어요.

반초가 선선국이란 나라에 사신으로 갔을 때였어요. 처음에는 반초를 환영하던 선선국의 왕이 갑자기 냉랭해졌어요. 반초는 이상하다 싶어 부하에게 이유를 알아보라고 시켰어요.
얼마 뒤 부하는 그곳에 흉노의 사신 100여 명이 와 있다는 것을 알아냈어요. 흉노의 사신은 모두 무기를 가지고 있었어요. 반초와 그의 부하는 기껏해야 10여 명이 될까 말까 했지요. 그때 반초가 신하들에게 말했어요.

"흉노를 치자. 아무리 그들이 우리보다 많고, 모두 무기를 가지고 있다고 해도 우리가 먼저 공격을 하면 된다. 호랑이 굴에 들어가지 않고 어떻게 호랑이 새끼를 잡을 수 있겠는가?"

반초의 공격은 대성공이었어요. 반초는 한밤중에 흉노의 사신들이 자고 있는 천막에 불을 지르고 사신들을 모조리 죽여 버렸어요. 반초의 용맹함을 본 선선국은 반초에게 항복했어요. 그 뒤 서역에서 반초는 '호랑이처럼 용맹한 자'라고 불리기 시작했답니다.

반초는 무려 31년 동안 50여 나라를 정복했어요. 비단길과 그 주변 나라를 완전히 정복한 거예요. 반초는 오랫동안 서역에서 살았어요. 나이가 들어서 고향이 그리웠던 반초는 일흔 살에 고향으로 돌아와 죽었어요. 반초가 죽은 뒤 비단길은 다시 흉노의 차지가 됐어요.

종이와 지진계가 발명됐어요

후한 시대에는 과학 기술이 발전하여 훌륭한 문화유산을 많이 남겼어요. 그중에서 꼭 알아 두어야 할 게 있어요. 바로 종이와 중국의 천문 관측기구예요. 종이와 중국의 천문 관측기구는 인류의 문화와 과학 기술 발전에 크게 기여했지요.

오늘날 우리가 쓰는 **종이는 후한 시대의 환관 채륜이 만들었어요.** 따지고 들면 채륜이 종이를 발명한 것은 아니에요. 전한 때부터 있던 종이를 더 쓸모 있게 만든 거지요.

인류는 아주 오래전부터 여러 가지 재료에 글을 썼어요. 중국에서는 동물의 뼈나 거북의 배 껍데기에 글을 썼지요. 이 밖에 대나무 조각으로 만든 죽간이나 비단 등에 글을 썼어요. 고대 메소포타미아에서는 진흙판에 글을 썼고, 고대 이집트에서는 식물을 얇게 잘라 만든 파피루스에 글을 썼지요. 대부분의 재료는 구하거나 만들기도 어렵고, 양도 많지 않았으며 가격도 비쌌어요.

전한 시대에 만든 종이는 풀솜으로 만든 것이었어요. 풀솜으로 만든 종이는 글을 쓰기에는 너무 약했어요. 포장지로 주로 쓰였지요. **105년 무렵에 채륜이 오랜 연구 끝에 값싸고 질기고 가벼운 종이를 만드는 데 성공했어요.** 종이를 만드는 데 쓰인 재료들도 주변에서 쉽게 구할 수 있는 것들이었어요. 나무의 껍질, 헌 옷, 다 헤어져 못 쓰게 된 어망 등이었지요. 채륜은 이 재료들을 뒤섞어 빻은 뒤 물을 섞어 종이로 만들었어요. 그 결과 많은 사람이 종이를 만들고 쓸 수 있게 됐어요.

종이를 쉽게 만들면서 책도 많이 만들 수 있게 됐어요. 책이 많아지면서 더 많은 사람이 책을 가까이 할 수 있게 되었지요. 이에 따라서 학문 수준이 높아졌어요. 학문 수준이 높아지면 문화 수준도 덩달아 높아지지요. 결국 종이의 발명은 문화의 발달로 이어졌답니다.

채륜 이후에도 종이를 만드는 기술은 계속 발전했어요. 종이는 8세기 무렵 서아시아에 있는 이슬람 세계로 전해졌어요. 12세기에는 유럽으로도 전해졌지요. 우리나라와 일본에는 그보다 훨씬 빠른 7세기 무렵에 전해졌답니다.

종이 만드는 법

① 나무를 다듬고 물에 불려요.
② 재료를 솥에 넣어 삶아요.
③ 삶은 재료를 방아로 찧어요.

채륜이 종이를 발명하고 몇 년이 지난 뒤에 **과학자 장형이 혼천의를 만들었어요.** 혼천의는 하늘의 움직임을 관측하는 기구예요. 공 모양으로 된 중심부의 표면에는 별자리들이 새겨져 있어요. 공 둘레로는 바퀴 모양의 띠들이 놓여 있는데, 적도와 황도 등의 지표가 표시돼 있지요. 이

④ 재료를 물에 풀어 대나무 발에 종이를 떠요.

⑤ 종이를 말린 다음 떼어 내요.

혼천의를 이용해 해, 달, 별의 위치와 움직임을 관찰할 수 있었어요.

혼천의는 전한 때인 기원전 2세기 무렵에 처음 만들어진 것으로 알려져 있어요. 이것을 장형이 더 정교하게 만든 거지요. 그런데 왜 천문 관측기구가 필요했을까요? 바로 농사 때문이에요. 비가 언제 올지, 바람은 얼마나 강하게 불지, 해가 쨍쨍 내리쬐는 기간은 어느 정도인지 알아야 농사를 잘 지을 수 있어요. 그러니 날씨를 잘 알아야 하고, 날씨를 알려면 아무래도 하늘을 잘 관찰해야 했지요.

132년에 장형은 지동의라는 이름의 지진계를 만들었어요. 오늘날 이 지진계는 남아 있지 않지만 여러 자료를 모아 만든 모형이 있어요. 그 모형을 보면, 항아리 형태의 통이 가운데 있어요. 그 통의 바깥쪽에 8개 방향으로 각각 용 조각상이 붙어 있는데, 모두 구슬을 입에 물고 있어요. 지진이 일어나면 용의 입에 있던 구슬이 바닥으로 떨어지도록 설계돼 있지요. 이 지진계가 정말로 작동했을까요? 이와 관련해 전해 내려오는 이야기가 있어요.

장형이 만든 지진계를 후한의 수도인 낙읍에 설치하고 3년이 지난 어느 날이었어요. 통의 서쪽 방면에 붙어 있는 용의 입에서 구슬이 떨어졌어요. 하지만 아무 일도 일어나지 않았지요. 사람들은 장형과 그가 만든 지진계를 비웃었어요.

며칠 후, 놀라운 소식이 궁궐에 도착했어요. 수도로부터 서쪽으로 약 500킬로미터(km) 떨어진 곳에서 지진이 일어났다는 소식이었지요. 장형의 지진계가 정확히 지진을 탐지해 냈던 거예요. 그제야 사람들은 장형이 얼마나 위대한 과학자인지 깨닫게 됐지요.

종이와 지동의를 발명했던 후한의 역사는 어떻게 됐을까요? 후한은 전한을 이어받은 나라예요. 그래서 그런지 후한의 역사도 전한과 비슷한 길을 걷게 돼요. 후한도 전한처럼 후반으로 갈수록 황제의 외척 때문에 혼란스러워졌어요. 후한의 후반 역사를 알아보러 떠나요.

지도 위 세계사

양쯔 강을 따라 떠나는 삼국지의 현장

양쯔 강은 중국에서 가장 긴 강이에요. 긴 강이라는 뜻의 창장 강이라고도 해요.
양쯔 강은 창장 강의 하류를 부르는 이름이었는데, 강 전체를 가리키는 이름이 됐어요.
양쯔 강을 따라 중국 삼국 시대의 현장을 둘러보아요.

쓰촨 성, 청두

제갈량 조각상

청두 시는 유비가 촉의 도읍지로 정한 곳이에요. 청두에서 가장 중요한 유적지는 무후사인데, 제갈량의 사당이에요. 유비의 묘도 이곳에 모셔져 있어요. 관우, 장비, 조자룡의 상도 있어요. 제갈량이 위 정벌에 나설 때 지은 '출사표'도 볼 수 있어요.

후베이 성, 우한

후베이 성 우한 시에는 황허루가 있어요. 높이가 55미터(m)를 조금 넘는데, 오의 손권이 유비의 촉을 경계하려고 만든 망루예요. 하지만 시간이 지나면서 풍류를 즐기는 누각으로 변했다고 해요. 요즘에도 우한 지역을 대표하는 관광 명소랍니다.

충칭 직할시

충칭 시는 중국 서부에 있는 직할시예요. 전한 말기에 공손술이란 인물이 백룡이 승천하는 것을 봤다고 해요. 그는 '백룡은 내가 한의 황제가 될 것이라는 예언이다'라며 성 이름을 바이디 성이라고 했어요. 바이디 성은 한자로 白帝城(백제성)인데, 백룡과 황제에서 따와 지은 이름이에요. 삼국 시대에는 유비가 바이디 성에서 오의 군대와 맞서 싸웠답니다.

후베이 성, 셴닝

셴닝 시에는 삼국 시대 적벽 대전이 치러진 곳으로 여겨지는 절벽이 있어요. 절벽에 붉은 글씨로 적벽(赤壁)이라고 쓰여 있어요. 적벽 대전은 손권과 유비의 연합군이 조조의 군대를 물리친, 삼국 시대 최고의 전투 중 하나예요.

황허루가 그려진 그림

6장

중국, 다시 혼란 속으로!

후한은 전한의 역사와 매우 비슷해요. 세월이 갈수록 나라가 혼란스러워졌지요.
또 외척과 환관의 권력이 매우 강했어요.
외척과 환관은 권력을 차지하려고 싸웠어요.
게다가 지방에서 힘을 키운 호족들도 권력을 차지하려고 경쟁했어요.
결국 중국은 다시 혼란에 빠졌어요. 농민들은 땅을 빼앗겨 굶주리고 떠돌아다녔지요.
이 무렵 로마도 아우렐리우스가 죽고 '로마의 평화' 시대가 끝났어요.
동양과 서양이 모두 혼란스러워진 거지요.
다시 혼란에 빠진 중국으로 가 볼까요?

391년
고구려, 광개토 대왕 즉위

581년
양견, 수 건국

황건적의 난이 일어났어요

후한 시대에는 황제가 일찍 세상을 뜨는 경우가 많았어요. 제1대 황제 광무제가 예순둘, 제2대 황제 명제가 마흔여덟 살까지 살았을 뿐이고, 나머지 왕들은 어려서 죽었어요. 어린 황제가 뒤를 이을 아들이 없이 세상을 떠나면 황제의 친척이 황제가 됐어요. 이러니 황제의 힘은 점점 약해졌어요. 나이 어린 황제는 외가 쪽 친척인 외척에게 휘둘렸지요. 황제를 가장 가까운 곳에서 모시는 관리인 환관들도 권력을 차지하려고 외척과 싸웠어요. 후한 시대에는 환관의 권력이 아주 셌거든요.

거기에 지방에서 힘을 키운 호족들도 권력 투쟁에 뛰어들었어요. 지방 귀족에 불과한 호족들이 권력 투쟁에 뛰어들 수 있었던 것은 '향거리선제' 덕분이었어요. 향거리선제는 지방관이 덕망 있는 인재를 중앙에 추천하면 관리로 선발하는 제도였어요. 유학을 공부한 호족들이 중앙의 관리가 될 수 있는 통로가 됐지요.

황제는 허수아비가 됐고, 외척과 환관은 권력을 차지하려고 싸움을 벌였어요. 호족들은 야금야금 중앙 관직을 차지했어요. 환관들은 호족과 손을 잡고 마음대로 정치를 했지요. 정치가 엉망이지요? 백성들도 점점 살기가 어려워졌어요. 호족은 농민들의 땅을 빼앗고, 땅을 빼앗긴 농민들은 떠돌아다니거나 굶주림에 시달렸어요. 백성들의 불만은 날이 갈수록 높아졌지요.

이때 장각이 '태평도'라는 종교를 만들었어요. 장각은 주술로 병자를 치료하며 큰 인기를 끌었어요. 수십만 명의 농민이 태평도의 신도가 되었어요. **184년에 장각이 반란을 일으켰어요. 반란군은 머리에 노란 두건을 둘렀어요. 그래서 이 반란을 '황건적의 난'이라고 해요. 황건이 '노란 두건'이라는 뜻이거든요. 황건적은 후한을 무너뜨리고 새 세상을 만들자며 목소리를 높였어요.** 반란은 들불처럼 번져 나갔어요. 하지만 나라에서는 반란을 막을 힘이 없었어요. 황제는 호족들에게 반란을 막아 달라고 도움을 청했어요. 이때 황건적과 싸우며 이름을 알리기 시작한 호족들이 나타났어요.

이제 후한은 서서히 몰락의 길로 들어섰어요. 특히 제12대 황제인 영제는 환관들에게 휘둘렸어요. 10명의 환관이 영제를 둘러싸고 있었어요. 이들은 영제를 허수아비로 만들고 모든 권력을 차지했지요. 이들을 '십상시'라고 불렀어요. 오늘날에도 우두머리 곁에서 권력을 휘두르는 사람들을 십상시라고 해요.

십상시의 허수아비 노릇을 하던 영제는 일찍 목숨을 잃었어요. 영제의 뒤를 이어 소제가 제13대 황제가 됐어요. 하지만 소제는 얼마 지나지 않아 황제 자리에서 쫓겨나 죽음을 맞았어요. 소제를 황제 자리에서 쫓아낸 사람은 동탁이었어요. 지방의 무장 출신인 동탁은 헌제를 황제에 앉히고는 권력을 마구 휘둘렀어요. 헌제도 늘 동탁의 눈치를 봐야 했지요. 동탁을 반대하는 사람들은 호시탐탐 동탁을 죽이려고 기회를 엿보았어요. 결국 동탁은 부하인 여포의 손에 목숨을 잃었어요. 그렇지만 헌제는 여전히 신하들의 눈치를 봐야 했어요. 마지막에는 조조의 눈치를 보며 살아야 했어요.

조조는 호족 출신이었어요. 황건적의 난을 진압하는 데 공을 세우고 권력을 잡았어요. 나라의 모든 권력은 조조가 독차지하고 황제는 이름만 있을 뿐이었어요. 그러자 다른 호족들이 들고 일어났어요. 조조에 맞서기 시작한 거지요. 호족들은 '황제를 업신여기는 역적 조조를 타도하자!'며 군대를 일으켰어요. 사실 반란을 일으킨 호족들도 조조처럼 권력을 차지하고 싶었을 거예요. **다시 중국은 천하를 차지하려는 호족들의 전쟁터가 됐어요. 그중 가장 유명한 인물이 조조를 비롯해**

서 손권과 유비였어요. 조조는 중국 북부를 차지하고 있었고, 손권은 양쯔 강 하류를, 유비는 양쯔 강 상류에 자리를 잡고 있었어요. 이들의 이야기는 14세기에 나관중이 소설로 썼어요. 이 소설이 〈삼국지연의〉예요. 보통은 줄여서 〈삼국지〉라고 불러요.

조조, 손권, 유비 가운데 조조가 가장 강했어요. 조조는 황제를 마음대로 조종하고 있었거든요. 후한의 황제인 헌제는 조조를 위의 왕으로 봉했어요. 물론 권력은 황제보다도 강했지요. 자 이제, 세 영웅이 겨룬 전투 중에서 가장 유명한 적벽 대전 이야기를 들려줄게요.

조조는 208년에 대군을 이끌고 손권과 유비가 버티고 있는 양쯔 강으로 내려갔어요. 유비와 손권은 손을 잡고 적벽에서 조조의 군대를 막았지요. 적벽에서 양쯔 강을 사이에 두고, 유비와 손권의 연합군과 조조의 군대가 맞붙었어요. 유비와 손권의 연합군은 조조가 이끌고 내려온 배에 불화살을 쏘았어요. 때마침 불어온 바람에 조조의 배들은 모두 불바다가 됐어요. 조조의 배들은 서로 한데 묶여 있었기 때문에 불은 모든 배에 옮겨 붙었고, 배를 돌려 도망을 칠 수도 없었어요. 조조는 간신히 도망쳐서 위로 돌아갔어요.

불화살을 쏘아라!

적벽 대전에서 유비와 손권의 연합군이 이긴 것은 유비의 부하인 제갈량의 뛰어난 전술 덕분이었어요. 적벽 대전 이후 조조는 양쯔 강 유역을 포기했어요. 그 뒤에도 조조, 손권, 유비는 천하를 차지하려고 치열하게 싸웠지요.

조조는 끝내 중국을 통일하지 못하고 220년에 세상을 떠났어요. 위의 왕은 아들 조비가 물려받았어요. 위의 왕이 된 조비는 헌제를 더 이상 받들 생각이 없었어요. 그래서 조조가 세상을 떠난 바로 그해에 헌제로부터 황제 자리를 빼앗아 자신이 황제 자리에 올랐어요. 이로써 후한은 역사 속으로 사라졌답니다.

221년에 유비는 성도(청두)에 촉을 세웠고, 229년에 손권은 건업(난징)에 오를 세웠어요. 이로써 위, 촉, 오가 천하를 다투는 삼국 시대가 시작됐어요.

위, 촉, 오가 천하를 두고 다투었어요

로마 제국은 5현제 시절에 평화와 번영을 누렸어요. 그 뒤에 군사령관이 황제 자리를 놓고 다투는 군인 황제 시대가 이어졌지요. 이와 비슷한 시기에 중국은 조조, 유비, 손권이 천하를 두고 다투는 삼국 시대가 시작됐어요.

유비에게는 아주 용맹한 두 장수가 있었어요. 바로 유비와 의형제를 맺은 관우와 장비예요. 그중 관우는 오늘날까지도 중국 사람들이 신처럼 높이 존경하는 장수예요. 관우와 장비는 복숭아나무가 있는 정원에서 유비와 의형제를 맺었어요. 이 사건을 '도원결의'라고 하는데, 오늘날에도 의형제를 맺을 때 쓰는 말이랍니다.

나관중이 쓴 〈삼국지연의〉에는 유비, 관우, 장비 말고도 조자룡과 제갈량이 중심인물이에요. 조자룡은 관우와 장비에 버금가는 뛰어난 장수이고, 제갈량은 유비를 도와 촉을 세우는 데 큰 공을 세운 뛰어난 군사 전략가예요. 제갈량에 얽힌 사자성어가 꽤나 많답니다. 그중 '삼고초려'에 얽힌 이야기를 들려줄게요.

제갈량은 세상과 연을 끊고 산골 깊숙한 곳에 숨어 살고 있었어요. 유비가 제갈량의 재능이 뛰어나다는 이야기를 듣고, 제갈량을 찾아갔어요. 그렇지만 제갈량은 유비를 만나 주지 않았어요.

이때 유비의 나이는 마흔일곱 살, 제갈량의 나이는 스물일곱 살이었어요. 관우와 장비는 유비를 만나 주지 않는 제갈량을 보고 어린 녀석이 버릇이 없다며 화를 냈어요. 하지만 유비는 이에 굴하지 않고 다시 한 번 제갈량을 찾아갔어요. 그렇지만 두 번째도 제갈량을 만날 수 없었어요. 유비가 세 번째 찾아갔을 때야 제갈량을 만날 수 있었어요. 유비의 정성에 마음이 움직인 제갈량은 유비를 주군으로 모실 것을 약속했어요.

유비가 제갈량의 초가를 세 번이나 찾아갔다는 말에서 '삼고초려(三顧草廬)'라는 말이 나왔어요. 오늘날에는 인재를 맞아들이기 위하여 참을성 있게 노력한다는 뜻으로 쓰이지요.

그 뒤 **유비의 부하가 된 제갈량은 삼국 중에서 가장 힘이 없던 촉을 조조가 세운 위와 비슷하게 만들었어요.** 제갈량의 능력을 가장 잘 보여 준 것이 적벽 대전이었어요. 적벽 대전에서 손권과 함께 조조를 물리치면서 세상에 유비와 제갈량의 이름을 알렸어요.

그 뒤 제갈량은 여러 전투를 지휘했어요. 그 과정에서 '읍참마속'이라는 사자성어가 만들어졌어요. 그 이야기를 들려줄게요.

제갈량이 위를 공격할 때였어요. 이때 앞장서서 싸운 장수가 제갈량이 아끼는 마속이었어요. 하지만 마속은 제갈량의 명령을 어기

고 전투를 벌였다가 패했어요. 이 때문에 제갈량은 싸우지도 못하고 물러나야 했어요. 제갈량은 전투에 진 장수를 처형해야 한다는 법에 따라 마속의 목을 베었어요. 마속을 아끼는 마음에 살려 주면 군대의 기강이 무너질 것이 뻔했기 때문이지요.

제갈량이 울면서 마속의 목을 벤다는 말에서 '읍참마속(泣斬馬謖)'이라는 말이 생겼어요. 오늘날에도 큰 목적을 위하여 자기가 아끼는 사람을 버리는 일을 가리키는 말로 쓰여요.

나관중의 〈삼국지연의〉를 읽으면 유비가 천하를 통일할 거 같지만 실제로 유비의 촉이 가장 강한 나라였던 적은 없어요. 대체로 조조의 위가 가장 강했지요. 〈삼국지연의〉를 쓴 나관중이 한 황실의 먼 친척인 유비가 중국을 통일하는 게 옳다고 생각한 거 같아요. 그렇다면 위가 중국을 다시 통일했을까요? 아니에요. 새로운 나라, 진이 삼국을 통일했어요. 물론 시황제가 세운 진과 다른 나라예요.

조조가 세상을 떠난 뒤 위의 황제가 된 조비는 개혁 정책을 실시했어요. 환관은 높은 자리에 오를 수 없도록 했고, 왕의 외척들도 권력을 마구 휘두르지 못하도록 감시했어요. 이와 함께 관리 임명 제도를 고쳐 능력 있는 인재가 조정에서 일할 수 있도록 했어요. 하지만 조비가 세상을 떠난 뒤 모든 개혁은 실패로 돌아갔어요. 조비의 뒤를 이은 조예, 조예의 뒤를 이은 조방이 나라를 다스릴 능력이 없었거든요.

〈삼국지연의〉의 주인공인 유비도 223년에 세상을 떠났어요. 유비의 아들인 유선이 왕이 됐는데, 나라를 다스릴 능력이 없었어요. 제갈량이 곁에서 도와주지 않았다면 촉은 훨씬 일찍 멸망했을 거예요.

지금까지의 이야기에 등장하지 않은 인물이 있어요. 바로 위의 대장군을 지낸 '사마의'예요. 사마의가 중국 통일의 첫 단추를 꿰었답니다. 사마의는 어떤 사람이었을까요?

진이 삼국을 통일했어요

사마의는 조조가 후한의 재상으로 있을 때 관리가 됐어요. 위가 세워진 뒤에는 조비, 조예, 조방의 신하로 있었어요. 뛰어난 정치가이자 군인이었던 사마의는 제갈량이 지휘한 촉의 군대를 물리쳤고, 요동 지방을 위의 영토로 만들었어요.

사마의의 권력이 점점 커지자 조방은 불안감을 느껴 사마의를 없애려고 했어요. 하지만 사마의가 더 빨랐어요. 음모를 눈치 챈 사마의는 반란을 일으켜 모든 권력을 잡았지요. 사마의는 황제를 쫓아내지는 않았어요. 사마의가 세상을 떠난 뒤에는 아들인 사마소가 대를 이어 위의 권력을 독차지했어요. **263년에 사마소는 촉을 정복했어요.**

그런데 위의 제4대 황제 조모는 권력이 점점 커지는 사마소가 두려웠어요. 조모는 사마소를 없애려고 했어요. 하지만 실패했지요. 사마소는 조모를 끌어내리고 조환을 위의 제5대 황제로 앉혔어요. 물론 위의 모든 권력은 사마소가 쥐고 있었지요.

265년에 사마소가 세상을 떠났어요. 사마소의 아들 사마염이 권력을 이어받았어요. 그렇지만 사마염은 위의 권력을 독차지한 것으로 만족할 수 없었어요. 조환을 황제 자리에서 끌어내렸답니다. 그러고는 **스스로 황제 자리에 올라 진(晉)의 건국을 선포하고, 진의 첫 번째 황제인 무제가 됐어요.** 물론 조환이 진 무제에게 황제 자리를 넘겨주는 것처럼 했지만 실제로는 강제로 황제 자리를 빼앗은 거예요. 이렇게 해서 위는 역사에서 사라졌어요.

진의 무제는 중국을 통일하려고 촉이 멸망한 뒤, 남아 있는 오로 쳐들어갔어요. 몇 차례의 전쟁이 벌어졌고, 결국 **280년 오가 항복했어요. 이로써 삼국 시대는 막을 내렸어요.**

그로부터 4년 뒤인 284년 로마 제국에서도 디오클레티아누스가 황제에 오르면서 군인 황제 시대가 끝났어요. 어때요? 동양과 서양의 두 제국 역사를 이처럼 비교하는 것도 재미있지 않나요?

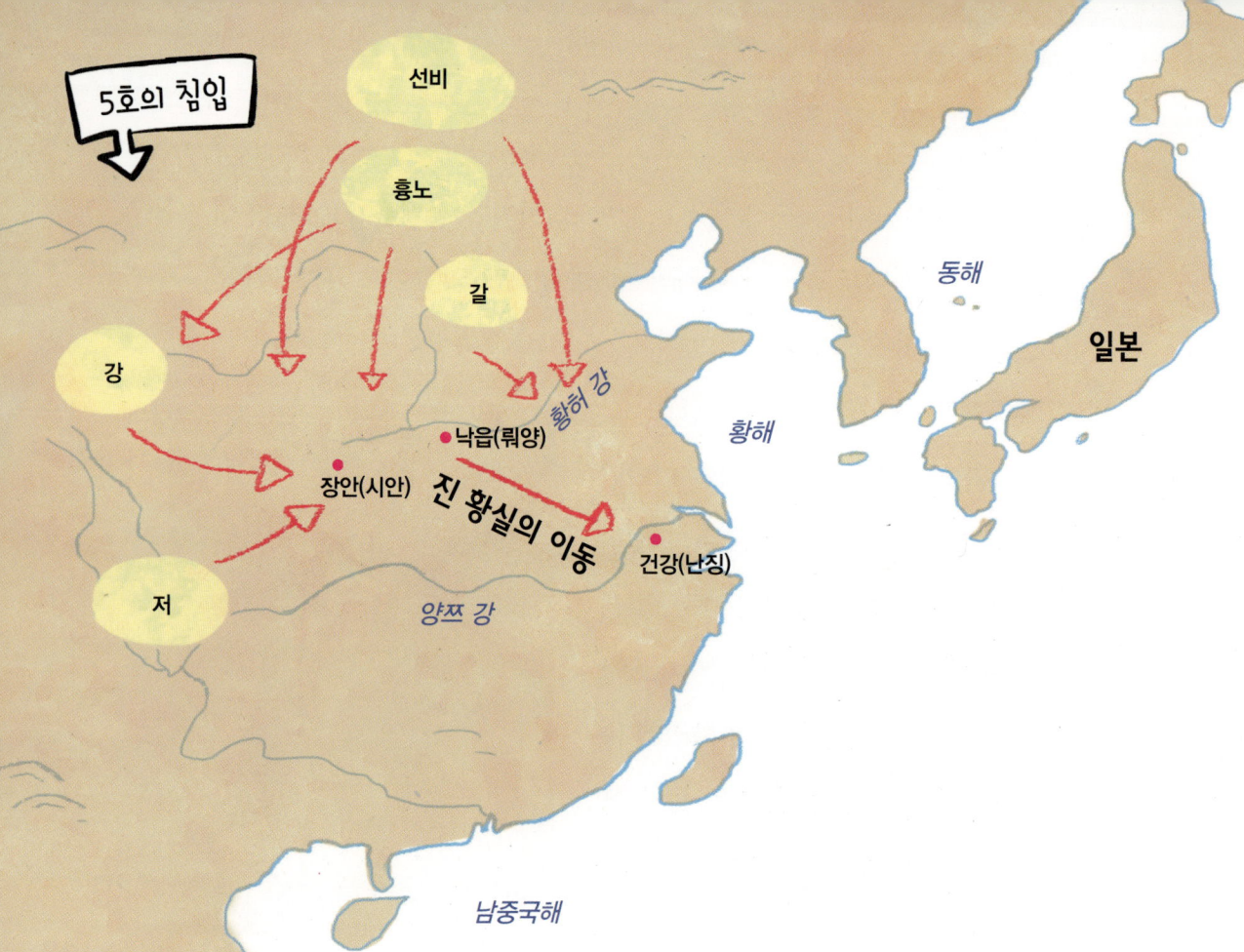

위·진·남북조 시대가 시작됐어요

진은 삼국을 통일했지만 그리 오래가지 못했어요. 진 이후 중국의 통치 정책이었던 중앙 집권 정책은 흔들렸고, 그동안 잠잠하던 흉노도 다시 힘을 키우고 있었지요. 만약 진에서 뛰어난 황제가 나왔다면 모든 어려움을 극복하고 나라를 안정시킬 수 있었을 거예요. 하지만 진의 황제들은 그리 뛰어나지 못했어요. **진의 무제가 죽자 여덟 명의 제후가**

반란을 일으켰어요. 그래서 이 반란을 '팔왕의 난'이라고 해요. 팔왕의 난으로 진의 수도인 낙읍이 거의 폐허가 되다시피 했어요.

이때를 틈타 흉노의 한 부족이 중국으로 쳐들어왔어요. 이때가 304년이었어요. 흉노의 부족을 이끌던 유연은 화베이(화북) 지방에 한을 세우고 스스로를 왕이라고 했어요. 308년에는 스스로를 황제라고 부르고, 진의 수도로 쳐들어갔지요. 유연은 진의 군대와 싸울 때마다 이겼지만 진의 수도를 차지하지 못하고 죽었어요. 유연의 뒤를 이어 왕이 된 아들 유총이 진의 수도로 다시 쳐들어갔어요. 진의 황제는 궁궐을 버리고 도망갔지만 유총은 황제를 끝까지 쫓아가 잡아서 처형했어요.

그 뒤 진의 황족이 낙읍의 동쪽에 있는 건강(난징)으로 건너가 진을 다시 세웠어요. 이때부터 '동진 시대'라고 해요. 그 전에 진의 수도가 낙읍에 있던 시기를 '서진 시대'라고 하지요.

중국 역사를 보면 왕조가 전기와 후기로 나뉠 때가 꽤 있어요. 주가 서주와 동주로 나뉘었고, 한도 전한과 후한으로 나뉘었지요. 이번에는 진이 서진과 동진으로 또 나뉘었어요. 더 훗날에는 송이 북송과 남송으로 나뉘기도 한답니다.

다시 중국 북쪽 지역을 살펴볼게요. 중국의 북쪽 지역을 화베이 지역이라고 해요. **유연의 침략을 시작으로 중국 주변에 있던 민족들이 화베이 지역을 침입했어요. 이때부터 439년까지 유목 민족 다섯이 열여섯 나라를 번갈아 세웠지요. 이때를 '5호 16국' 시대라고 불러요.**

　　5호는 흉노, 갈, 저, 강, 선비를 가리켜요. '호(胡)'는 '오랑캐'라는 뜻으로, 중국 사람들은 한족을 빼고는 모두 오랑캐라고 불렀어요. 5호 16국 시대를 끝낸 민족은 선비였어요. 선비가 북위를 세우고 화베이 지방을 통일했어요.

중국의 남동부로 내려간 동진은 화베이 지방의 유목 민족들을 몰아내고 중국을 다시 통일할 수 있었을까요? 아니에요. 동진은 그럴 힘이 없었어요. 실제로 100여 년 만에 멸망했어요.

그 뒤 동진이 있던 자리에 여러 왕조가 생겨났다 망하기를 되풀이했어요. 동진 다음에 송, 제, 양, 진이 차례로 들어섰지요. 화베이 지방에서도 5호 16국을 통일한 북위가 서위와 동위로 나누어졌다가 서위는 북주로, 동위는 북제로 이어졌어요.

중국 전체로 보자면 **화베이 지방에는 유목 민족이, 강남에는 한족의 왕조들이 서로 대립하고 있었던 거예요. 이 시기를 '남북조 시대'라고 한답니다.** 위 때부터의 역사를 쭉 붙여서 '위·진·남북조 시대'라고도 하지요.

위·진·남북조 시대는 춘추·전국 시대에 버금가는 혼란기였어요. 툭하면 나라가 바뀌니 백성들의 삶이 편안할 리가 없었지요. 하지만 **귀족들은 문학과 그림 등의 예술을 즐기며 화려한 생활을 했지요.** 고개지가 그린 〈여사잠도〉, 도연명이 쓴 '귀거래사' 등을 통해 당시의 귀족 문화를 알 수 있어요. 화려한 귀족 문화는 그 뒤로도 한동안 이어진답니다.

남북조 시대에는 불교도 발전했어요. 둔황, 윈강,

룽먼에 석굴 사원이 만들어진 것도 이때였지요. 도교도 발전했어요. 혼란스러운 사회에서 벗어나 자유롭고 편안하게 살고자 했기 때문이에요.

남북조 시대의 혼란은 589년에 끝이 났어요. 후한이 멸망하고 약 370년 동안 여러 나라가 세워졌다가 망하는 혼란한 시기가 계속됐어요.

화베이 지방을 통일한 사람은 양견이었어요. 양견은 581년에 북조를 통일하고 수를 세웠어요. 양견은 수의 첫 번째 황제인 문제가 됐어요. 문제는 589년에는 남조까지 정복했어요. 마침내 중국이 다시 통일을 이룬 거예요. 이로써 중국은 위·진·남북조 시대의 오랜 혼란을 끝내고 다시 통일 왕조 시대로 접어들었지요.

광개토 대왕이 고구려를 대제국으로 만들었어요

한반도는 중국과 국경을 맞대고 있어요. 그러니 중국과 우리나라의 역사는 떼려야 뗄 수 없어요. 위·진·남북조 시대에 중국은 아주 혼란스러웠어요. 그러니 다른 나라에 신경을 쓸 수가 없었어요. 중국의 혼란은 한반도에 어떤 영향을 미쳤을까요? 결론부터 말하자면, 중국의 혼란은 한반도에 있던 나라들이 발전할 기회가 됐어요.

전한의 무제는 고조선을 정복한 뒤 옛 고조선 땅에 군현을 설치하고 관리를 파견했어요. 후한이 멸망하자 고조선 땅에 있던 한 군현의 힘이 약해졌지요. 313년에 고구려의 미천왕은 한 군현을 완전히 한반도에서 쫓아냈답니다.

위·진·남북조 시대에는 고구려, 백제, 신라, 가야가 세력을 다투고 있었어요. 특히 백제와 고구려가 끊임없이 싸우고 있었지요. 가장 먼저 힘을 키운 것은 백제였어요. 백제 근초고왕은 고구려의 평양성까지 쳐들어갔어요. 평양성 전투에서 백제의 근초고왕은 고구려의 고국원왕을 죽이고 크게 이겼지요. 하지만 백제의 전성기는 이것으로 끝이 났어요.

고구려에서는 고국원왕의 아들 소수림왕이 위기를 극복하고 나라를 안정시켰어요. 소수림왕은 5호 16국 가운데 하나인 전진으로부터 불교를 수입했어요. 또한 우리 역사에서는 처음으로 국립 대학인 태학을

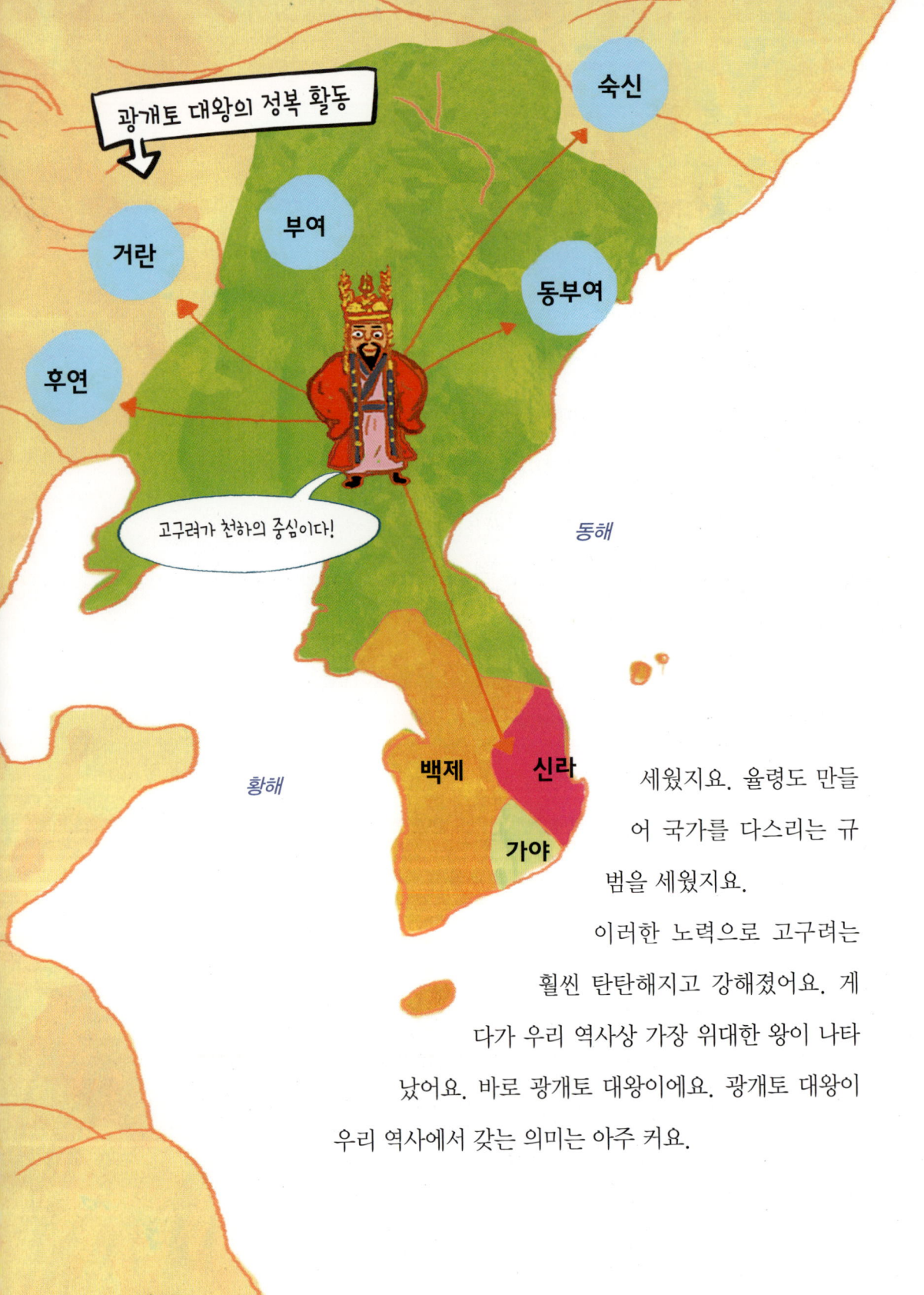

세웠지요. 율령도 만들어 국가를 다스리는 규범을 세웠지요.

이러한 노력으로 고구려는 훨씬 탄탄해지고 강해졌어요. 게다가 우리 역사상 가장 위대한 왕이 나타났어요. 바로 광개토 대왕이에요. 광개토 대왕이 우리 역사에서 갖는 의미는 아주 커요.

광개토 대왕은 우리 역사상 처음으로 연호를 사용했어요. 연호는 원래 중국 황제만이 쓸 수 있었어요. 중국 주변국들은 중국 황제의 연호를 빌려 써야 했지요. 하지만 광개토 대왕은 '영락'이란 연호를 만들어 썼어요. 고구려가 중국과 대등한 나라라는 것을 나타낸 거예요. 그래서 광개토 대왕을 '영락 태왕'이라고도 해요. 고구려에서는 왕이나 대왕보다 높은 '태왕'이란 칭호를 썼거든요.

광개토 대왕은 중국에 끌려다니지 않고 고구려를 대제국으로 만들었어요. 선비의 일파인 거란을 진압했고, 5호 16국 중 하나였던 후연을 쳐들어갔어요. 고조선이 한에 정복되면서 빼앗겼던 랴오둥 지방을 되찾기도 했지요. 광개토 대왕 시절, 고구려는 동아시아의 강대국으로 발전했어요. 중국 지린 성 지안 현에 가면 광개토 대왕의 업적을 기록해 놓은 광개토 대왕릉비를 볼 수 있어요.

보호각 속에 있는 광개토 대왕릉비

고구려는 나중에 중국의 수, 당과 큰 싸움을 벌여요. 수는 고구려와의 전쟁에서 패한 뒤에 멸망하지요. 만약 광개토 대왕이 고구려를 강력한 제국으로 성장시키지 않았다면, 수와 당을 물리칠 수 없었을 거예요. **광개토 대왕은 고구려가 '천하의 중심'이라며 큰 자부심을 가지고 있었답니다.** 이제 마지막으로 일본의 역사를 알아볼까요?

야마토 정권이 일본을 통일했어요

중국이 위·진·남북조 시대일 때 일본에서는 통일 왕국이 들어섰어요. 그 나라가 야마토 정권이에요. 야마토 정권은 일본 서쪽의 넓은 지역을 통치한 나라의 이름이에요. 원래 이 지역에는 여러 작은 나라가 있었어요. 이 나라들은 느슨하게 연합체를 구성하고 있었는데, 이것이 발달해 4세기 무렵 야마토 정권이 탄생한 거지요.

4세기 무렵부터 일본에 거대한 무덤들이 만들어졌어요. 이런 무덤은 수천 명이 10년이 넘게 만들어야 할 정도로 컸어요. 이 무렵 야마토 정권의 왕의 권력이 커진 것을 알 수 있답니다.

야마토 정권은 곧 세력 범위를 일본 전 지역으로 넓혀 나갔어요. 그 결과 **5세기 이후에는 야마토 정권이 일본 전체를 다스리게 됐어요.** 바로 이 때문에 야마토 정권을 일본 최초의 통일 왕국이라 부르는 거예요.

야마토 정권은 중국과 한반도로부터 큰 도움을 받았어요. 유교와 불교를 비롯해 많은 제도와 문화, 문물을 중국과 한반도로부터 들여왔거든요. 이때 한반도와 중국에서 일본으로 건너간 사람들을 '도래인'이라 불렀어요. 도래인이 야마토 정권의 중심 세력으로 커 나갔지요.

자, 이제 동양과 서양에서 동시에 탄생한 두 제국의 역사 이야기를 끝낼 시간이 됐어요. 중국의 경우 한반도와 일본에 미치는 영향이 커서 우리나라와 일본의 역사도 살짝 살펴봤어요.

마치 약속이나 한 듯이 두 제국의 탄생과 성장, 멸망의 역사가 비슷한 게 참으로 흥미롭지 않나요? 원래 역사란 것이 그렇답니다. 흥할 때가 있으면 망할 때가 있는 법이지요. 두 제국의 역사에서 여러분은 무엇을 배웠나요? 그걸 찾아내는 건 여러분에게 주어진 숙제랍니다.

지도 위 세계사
서울, 공주, 부여에서 만나는 백제

백제는 삼국 시대에 서울 지역을 중심으로 세워진 나라예요. 백제는 서울에서 공주로, 공주에서 부여로 수도를 두 차례 옮겼어요. 백제의 도읍지를 둘러보아요.

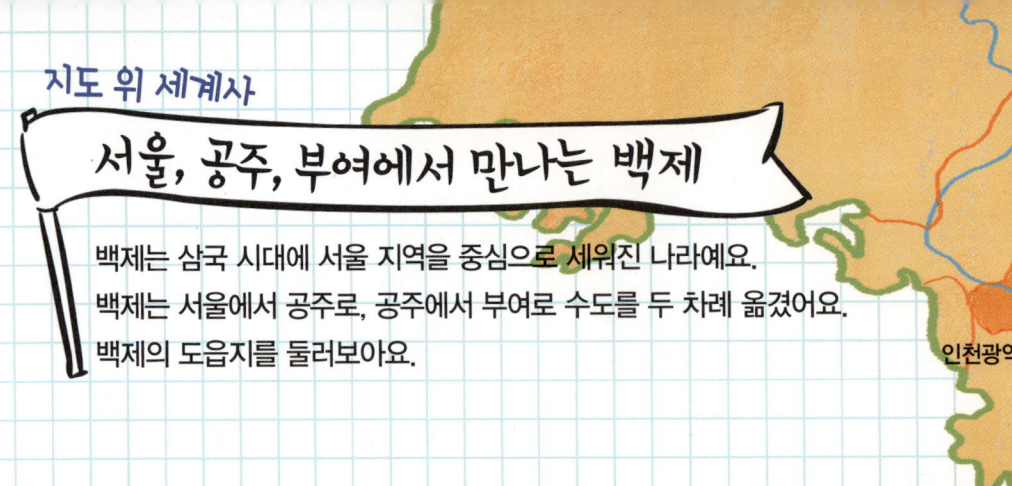

서울, 풍납토성

풍납토성에서 나온 백제의 유물

서울은 백제가 처음 수도를 정한 곳이에요. 고구려 왕자였던 온조가 하남 위례성에 나라를 세웠어요. 하남 위례성이 있던 자리는 정확하게 알 수 없어요. 풍납토성에서는 백제 시대의 많은 유물이 발견되었어요.

서울, 백제 고분

서울 석촌동 일대서 볼 수 있는 백제의 무덤들이에요. 3~5세기에 걸친 여러 종류의 무덤들이 있어요. 일제 강점기에 약 90기에 달하는 무덤이 있었지만 지금은 남아 있는 무덤이 많지 않아요. 가장 유명한 무덤은 계단식으로 쌓은 무덤이에요. 백제의 왕족이나 귀족의 무덤으로 보고 있어요.

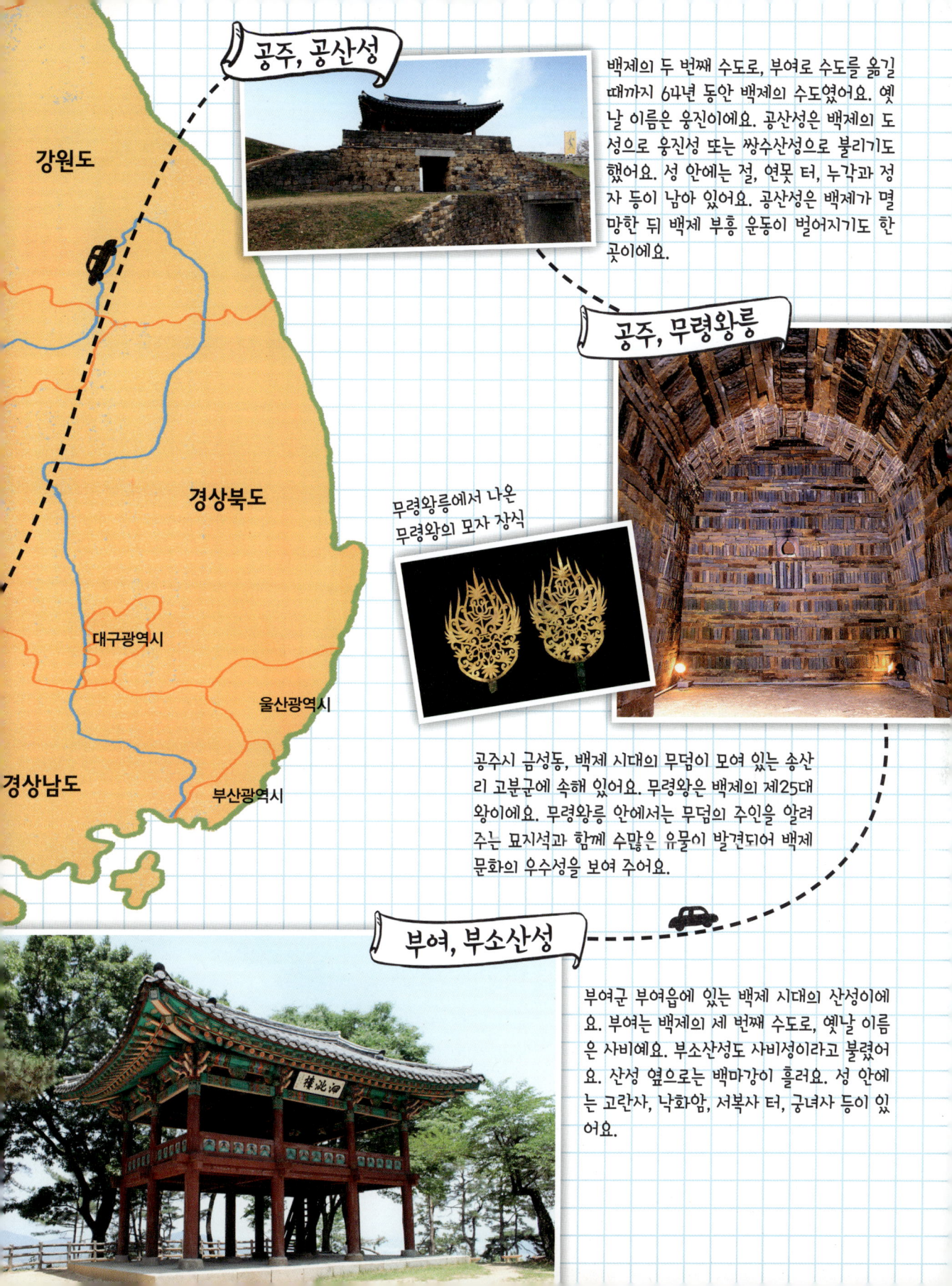

공주, 공산성

백제의 두 번째 수도로, 부여로 수도를 옮길 때까지 64년 동안 백제의 수도였어요. 옛날 이름은 웅진이에요. 공산성은 백제의 도성으로 웅진성 또는 쌍수산성으로 불리기도 했어요. 성 안에는 절, 연못 터, 누각과 정자 등이 남아 있어요. 공산성은 백제가 멸망한 뒤 백제 부흥 운동이 벌어지기도 한 곳이에요.

공주, 무령왕릉

무령왕릉에서 나온 무령왕의 모자 장식

공주시 금성동, 백제 시대의 무덤이 모여 있는 송산리 고분군에 속해 있어요. 무령왕은 백제의 제25대 왕이에요. 무령왕릉 안에서는 무덤의 주인을 알려 주는 묘지석과 함께 수많은 유물이 발견되어 백제 문화의 우수성을 보여 주어요.

부여, 부소산성

부여군 부여읍에 있는 백제 시대의 산성이에요. 부여는 백제의 세 번째 수도로, 옛날 이름은 사비예요. 부소산성도 사비성이라고 불렀어요. 산성 옆으로는 백마강이 흘러요. 성 안에는 고란사, 낙화암, 서복사 터, 궁녀사 등이 있어요.

세계사 정리 노트

지금까지 로마 제국과 진·한 제국의 역사를 이야기했어요. 같은 시대에 서양에서는 로마가, 동양에서는 한이 제국을 이루었다는 것이 놀랍지 않나요? 로마 제국과 진·한 제국을 배울 때 나오는 지역, 인물, 사건 등을 다시 한 번 정리해 보아요.

정리1 세계사 속 중요 지역

- **게르마니아** 게르만 족의 대이동 이전에 게르만 족이 거주하던 지역이에요. 지금의 독일·폴란드·체코·슬로바키아가 게르마니아에 해당돼요.
- **낙읍** 지금의 뤄양이에요. 주를 비롯해 여러 왕조의 수도였어요.
- **루비콘 강** 이탈리아 북부 리미니 부근에서 아드리아 해로 흘러드는 강이에요. 로마 공화정 때 갈리아 총독이 이곳에서 군대의 지휘권을 포기하는 관습이 있었어요.
- **브리타니아** 로마 시대에 영국을 가리키던 이름이에요.
- **양쯔 강** 중국의 중심부를 흐르는 아시아에서 제일 큰 강이에요. 이 유역은 예로부터 교통, 산업, 문화의 중심지였어요.
- **에트루리아** 이탈리아 중부에 있어요. 지금의 토스카나 지방이에요. 고대 에트루리아 인이 살던 지역으로, 로마에게 정복되었어요.
- **장안** 지금의 시안이에요. 한과 당의 수도였어요.
- **카르타고** 고대 페니키아 사람들이 북아프리카의 튀니지에 세운 식민 도시예요. 포에니 전쟁에서 패하여 로마의 지배를 받았어요.

- **콘스탄티노폴리스** 로마 시대에는 비잔티움이라고 했어요. 330년에 로마 제국의 콘스탄티누스가 로마에서 이곳으로 수도를 옮기고 콘스탄티노폴리스로 이름을 바꾸었어요.
- **테베레 강** 이탈리아 중부를 흐르는 강이에요. 아펜니노 산맥에서 시작하여 남쪽의 로마를 지나 지중해로 흘러들어요.
- **히스파니아** 로마 시대에 이베리아 반도를 가리키던 이름이에요.

정리2 세계사 속 중요 인물

- **가이우스 그라쿠스** 고대 로마의 정치가예요. 호민관이 되어 형인 그라쿠스가 제안한 토지 개혁안을 다시 제정하려고 했어요.
- **관우** 삼국 시대 촉의 장군이에요. 장비, 유비와 의형제를 맺었어요.
- **광개토 대왕** 고구려의 제19대 왕이에요. 영토를 크게 넓혀 고구려를 동아시아의 강국으로 만들었어요. 재위 기간은 391년~412년이에요.
- **광무제** 후한의 제1대 황제예요. 이름은 유수예요. 왕망의 군대를 무찔러 후한을 세웠어요. 재위 기간은 25년~57년이에요.
- **네로** 로마 제국의 제5대 황제예요. 로마 대화재 때 크리스트교를 박해했어요. 재위 기간은 54년~68년이에요.
- **네르바** 로마 제국의 제12대 황제예요. 5현제 시대를 열었어요. 재위 기간은 96~98년이에요.
- **대(大) 스키피오** 고대 로마의 장군이자 정치가예요. 제2차 포에니 전쟁에서 한니발을 격파하여 전쟁을 승리로 이끌었어요.

- **동탁** 후한 말의 정치가이자 장군이에요. 권력을 마구 휘둘러 후한의 멸망을 앞당겼어요.
- **디오클레티아누스** 로마 제국의 황제예요. 로마 제국을 넷으로 나누어 통치했어요. 재위 기간은 284년~305년이에요.
- **레무스** 전설 속의 로마 건국자인 로물루스의 쌍둥이 동생이에요. 형과 함께 로마를 세웠지만 형인 로물루스에게 죽임을 당했어요.
- **로물루스** 전설 속의 로마 건국자예요. 레무스와 함께 테베레 강에 버려져 늑대의 젖을 먹고 자랐다고 전해져요.
- **리키니우스** 로마 제국의 황제예요. 313년에 밀라노 칙령을 반포하여 크리스트교를 공식적으로 인정했어요. 재위 기간은 308년~324년이에요.
- **마리우스** 고대 로마의 장군이자 정치가예요. 평민파의 우두머리였어요.
- **무제** 전한의 제7대 황제예요. 중앙 집권을 강화하고 흉노를 만리장성 밖으로 내쫓았어요. 재위 기간은 기원전 141년~기원전 87년이에요.
- **반초** 후한의 정치가예요. 비단길을 다시 개척하여 31년간 서역에 머물며 흉노의 지배 아래에 있던 서역 국가들을 정복했어요.
- **브루투스** 고대 로마의 정치가예요. 기원전 44년에 카이사르를 암살했어요.
- **사마소** 중국 삼국 시대 위의 승상인 사마의의 둘째 아들이자 서진의 제1대 황제인 사마염의 아버지예요.
- **사마염** 서진의 제1대 황제예요. 위의 원제를 쫓아내고 진을 세웠어요. 280년에 중국을 통일했어요. 재위 기간은 265년~290년이에요.
- **사마의** 중국 삼국 시대 위의 장군이자 정치가예요. 그의 손자 사마염이 서진을 세우는 데에 기초를 닦았어요.
- **사마천** 전한의 역사가예요. 기전체 역사책인 〈사기〉를 썼어요.

- **소(小) 스키피오** 고대 로마의 장군이자 정치가예요. 제3차 포에니 전쟁을 승리로 이끌었어요.
- **손권** 중국 삼국 시대 오의 제1대 황제예요. 재위 기간은 222년~252년이에요.
- **술라** 고대 로마 제국의 장군이자 정치가예요. 귀족파의 우두머리였어요.
- **스파르타쿠스** 고대 로마의 노예 반란 지도자예요.
- **시황제** 중국 진의 제1대 황제예요. 기원전 221년에 중국을 통일했어요. 재위 기간은 기원전 247년~기원전 210년이에요.
- **아우구스투스(옥타비아누스)** 로마 제국의 제1대 황제예요. 원래 이름은 가이우스 옥타비아누스예요. 카이사르의 후계자로, 악티움 해전에서 안토니우스를 격파하고 로마의 지배자가 됐어요. 재위 기간은 기원전 27년~서기 14년이에요.
- **아우렐리우스** 로마 제국의 제16대 황제예요. 5현제의 마지막 황제로, 〈명상록〉을 쓴 철학자이기도 해요. 재위 기간은 121년~180년이에요.
- **안토니누스 피우스** 로마 제국의 제15대 황제예요. 5현제 가운데 한 사람이에요. 재위 기간은 138년~161년이에요.
- **안토니우스** 고대 로마의 군인이자 정치가예요. 악티움 해전에서 옥타비아누스에게 패하였어요.
- **양견** 수의 제1대 황제예요. 황제가 된 뒤에는 '문제'라고 했어요. 589년에 중국을 통일했어요. 재위 기간은 581년~604년이에요.
- **여불위** 전국 시대 말기 진의 재상이에요. 진의 권력을 독차지했으나 진의 왕인 정에게 쫓겨났어요. 〈여씨춘추〉를 편찬하였어요.
- **예수** 크리스트교의 창시자예요. 팔레스타인의 베들레헴에서 태어나 서른 살쯤에 십자가에 못 박혀 죽었어요.

- **왕망** 전왕의 마지막 황제인 평제를 죽이고 '신'을 세웠어요. 재위 기간은 8년~23년이에요.
- **유방** 한의 제1대 황제예요. 황제에 오른 뒤에는 고조라고 했어요.
- **유비** 삼국 시대 촉의 제1대 황제예요. 재위 기간은 221년~223년이에요.
- **장각** 후한 말기에 태평도를 창시했어요. '황건적의 난'을 일으켰어요.
- **장건** 전한 때의 탐험가예요. 비단길을 개척하는 데 큰 공을 세웠어요.
- **장비** 중국 삼국 시대 촉의 장군이에요. 유비, 관우와 의형제를 맺었어요.
- **장형** 후한의 문인이자 과학자예요. 혼천의와 지동의를 만들었어요.
- **제갈량** 중국 삼국 시대 촉의 뛰어난 군사 전략가예요. 적벽 대전에서 촉과 오가 승리하는 데 큰 공을 세웠어요.
- **조조** 중국 삼국 시대 위의 시조예요. 후한 말에 황건적의 난을 평정하여 공을 세웠어요.
- **채륜** 후한의 환관이에요. 나무껍질, 어망, 베옷 등을 이용하여 종이를 만들었어요.
- **카이사르** 로마의 군인이자 정치가예요. 크라수스·폼페이우스와 더불어 제1차 삼두 정치를 수립하였으며, 갈리아와 브리타니아에 원정하여 토벌했어요. 로마가 공화정에서 제정으로 가는 길을 닦았어요. 〈갈리아 전기〉, 〈내란기〉 등을 썼어요.
- **칼리굴라** 로마 제국의 제3대 황제예요. 즉위 초에는 정치를 잘했으나 폭군이 되었어요. 재위 기간은 37년~41년이에요.
- **코모두스** 로마 제국의 제17대 황제예요. 5현제의 마지막 황제인 아우렐리우스 황제의 아들로, 폭군이었어요. 재위 기간은 180년~192년이에요.
- **콘스탄티누스** 로마 제국의 황제예요. 크리스트교를 공식적으로 인정했어

요. 수도를 비잔티움으로 옮겼어요. 재위 기간은 306년~337년이에요.

- **크라수스** 고대 로마의 정치가예요. 로마 공화정 말기에 폼페이우스, 카이사르와 함께 제1차 삼두 정치를 실시했어요.
- **클라우디우스** 로마 제국의 제4대 황제예요. 재위 기간은 41년~54년이에요.
- **클레오파트라** 고대 이집트의 마지막 파라오예요. 카이사르 덕분에 파라오에 올랐어요. 악티움 해전에서 옥타비아누스에게 패하자 스스로 목숨을 끊었어요. 재위 기간은 기원전 51년~기원전 30년이에요.
- **트라야누스** 로마 제국의 제13대 황제예요. 5현제 가운데 한 사람이에요. 재위 기간은 98년~117년이에요.
- **티베리우스** 로마 제국의 제2대 황제예요. 재위 기간은 14년~37년이에요.
- **티베리우스 그라쿠스** 고대 로마의 정치가예요. 호민관이 되어 평민들을 위해 노력했으나 반대파에게 암살되었어요.
- **폼페이우스** 고대 로마의 장군이자 정치가예요. 스파르타쿠스의 반란을 진압하여 신망을 얻고 카이사르, 크라수스와 함께 제1차 삼두 정치를 했어요.
- **하드리아누스** 로마 제국의 제14대 황제예요. 5현제 가운데 한 사람으로, 브리타니아에 성벽을 쌓았어요. 재위 기간은 117년~138년이에요.
- **한니발** 카르타고의 장군이에요. 제2차 포에니 전쟁을 일으키고, 이탈리아에 침입하여 로마군을 격파했어요. 그렇지만 대 스키피오에게 패했어요.
- **항우** 진 말기의 장군이에요. 진을 멸망시킨 뒤에 유방과 천하를 다투다 패했어요.
- **호해** 진의 제2대 황제예요. 대규모 토목사업을 벌이고 환관 조고에게 휘둘렸어요. 이세 황제라고도 해요. 재위 기간은 기원전 210년~기원전 207년이에요.

정리 3 세계사 속 중요 유적과 유물

- **광개토 대왕릉비** 중국 지린 성 지안 현 퉁거우에 있는, 고구려 비석이에요. 고구려 장수왕이 광개토 대왕의 업적을 기리기 위해 세웠어요.
- **만리장성** 중국의 북쪽에 있는 성벽이에요. 진의 시황제가 춘추·전국 시대에 각 나라가 쌓은 성을 크게 다시 쌓고 연결하여 완성했어요.
- **〈사기〉** 전한 때 사마천이 지은 역사책이에요. 전설에 나오는 황제로부터 전한 무제까지의 역사를 엮었어요. 최초의 기전체 역사책이에요.
- **〈삼국지연의〉** 중국 원의 작가 나관중이 지은 장편 역사 소설이에요. 중국 삼국 시대를 소설로 썼어요.
- **시황릉 병마용 갱** 중국 산시 성 린퉁 현에 있는 유적지예요. 시황제의 무덤 근처에서 발견되었는데, 구덩이에 흙을 구워 만든 수많은 병사와 말의 모형이 들어 있어요.
- **〈여사잠도〉** 중국 동진의 고개지가 그린 그림이에요. 장화라는 사람이 쓴 글에 고개지가 그림을 그린 것이에요.
- **오수전** 전한 무제 때에 쓰던 동전이에요.
- **지동의** 중국에서 만든 세계 최초의 지진계예요. 후한 때 장형이 만들었어요.
- **진시황릉** 시황제의 무덤이에요. 중국 산시 성 린퉁 현 여산 남쪽 기슭에 있어요.
- **카타콤** 이탈리아 로마에 있는 비밀 지하 묘지예요. 크리스트교 신자들이 로마 황제의 박해를 피하여 죽은 사람을 그곳에 매장하고 예배를 보기도 했어요.
- **콘스탄티누스 개선문** 이탈리아 로마에 있는 문처럼 생긴 기념비예요. 콘스탄티누스 황제가 전쟁에서 승리한 것을 기념하고자 세웠어요.

- **콜로세움** 이탈리아 로마에 있는 고대의 원형 투기장이에요. 가운데에 마련된 광장에서 검투사들이 경기를 했어요.
- **팔라티노 언덕** 이탈리아 로마의 도심부에 있는 언덕이에요. 로마의 발상지예요.
- **포럼 로마눔** 이탈리아 로마에 있는 가장 오래된 광장이에요. 정치, 경제, 종교의 중심지로 발전했어요.
- **혼천의** 고대 중국에서 천체의 운행과 위치를 관측하던 장치예요. 후한 때 장형이 만들었어요.

정리 4 세계사 속 중요 사건

- **갈리아 전쟁** 기원전 58년에 시작해 기원전 51년에 끝난 로마와 갈리아 부족 간의 전쟁이에요.
- **게르만 족의 대이동** 4세기부터 6세기까지 게르만 족이 서유럽으로 이동하여 정착한 사건이에요. 게르만 족이 유럽 곳곳으로 이동하여 나라를 세웠어요.
- **그라쿠스 형제의 개혁** 호민관인 그라쿠스 형제가 시행하려던 토지 개혁이에요. 귀족들의 대토지 소유를 막고 자영농에게 토지를 나누어 주려는 것이었으나 원로원과 귀족들의 반대로 실패했어요.
- **로마 대화재** 로마의 네로 황제 때 일어난 대화재예요. 네로 황제는 크리스트교 신자가 대화재를 일으켰다며 크리스트교 신자를 대규모로 학살했어요.
- **로마의 평화** 기원전 1세기 말에 아우구스투스가 내란을 수습하고 제정을 수립한 때부터 약 200년간의 안정된 시기를 말해요. '팍스 로마나'라고도 해요.
- **밀라노 칙령** 313년에 로마의 콘스탄티누스 대제가 밀라노에서 발표한 명령

이에요. 크리스트교를 공식적으로 인정했어요.
- **분서갱유** 진의 시황제가 법가, 의약, 복서, 농업에 관한 것만을 빼놓고 모든 서적을 불태우고, 유학자를 구덩이에 묻어 죽인 일을 가리켜요.
- **삼두 정치** 로마 공화정 말기에 세 지도자가 동맹하여 국가 권력을 독점한 정치 형태를 말해요. 제1차 삼두 정치는 폼페이우스·크라수스·카이사르가 이끌었고, 제2차 삼두 정치는 옥타비아누스·안토니우스·레피두스가 이끌었어요.
- **성산 사건** 로마의 평민이 귀족에 반항하여 로마 동북쪽에 있던, '성산(聖山)'으로 들어가 새로운 도시 건설을 선언한 사건이에요. 이 사건을 계기로 호민관 제도가 정착되었어요.
- **스파르타쿠스의 반란** 로마 공화제 말기에 검투사 출신인 스파르타쿠스가 일으킨 노예 반란이에요.
- **12동판법** 고대 로마의 최초의 성문법이에요. 열두 장의 동판에 민사 소송법, 사법, 형법, 제사법, 가족법, 상속법 따위를 새긴 다음, 이것을 시장에 설치하여 널리 알렸어요. '12표법'이라고도 해요.
- **악티움 해전** 기원전 31년에 그리스의 서북부 악티움 앞바다에서 일어난 싸움이에요. 옥타비아누스가 안토니우스와 클레오파트라의 연합군을 격파했어요. 그 뒤 옥타비아누스가 로마의 황제가 되었어요.
- **5현제** 로마 제정 시대의 가장 뛰어난 다섯 명의 황제를 말해요. 네르바, 트라야누스, 하드리아누스, 안토니누스, 아우렐리우스를 가리켜요.
- **적벽 대전** 중국의 삼국 시대인 208년에 손권·유비의 연합군이 조조의 대군을 적벽에서 크게 무찌른 싸움이에요.
- **진승·오광의 난** 진 말기인 기원전 209년에, 진승이 오광과 함께 일으킨 농

민 반란이에요.

- **초·한 전쟁** 기원전 206년에 진이 멸망한 뒤 있었던, 초의 패왕 항우와 한의 왕 유방이 5년에 걸쳐 싸운 전쟁을 가리켜요.
- **팔왕의 난** 서진 말기에 황족인 여덟 명의 왕이 일으킨 반란이에요. 서진의 멸망을 가져왔어요.
- **포에니 전쟁** 기원전 264년에서 기원전 146년에 걸쳐 로마와 카르타고가 사이에 벌어진 싸움이에요. 로마가 이겼어요.
- **황건적의 난** 후한 말기에 태평도를 창시한 장각이 일으킨 반란이에요. 반란군이 모두 머리에 누런 수건을 쓴 데서 황건적이라고 했어요.

찾아보기

ㄱ
가야 129
가이우스 그라쿠스 35
간쑤 성 120, 121
갈리아 50
〈갈리아 전기〉 51
갈리아 전쟁 50
갱유 111
건원 130
검투사 경기 38, 43
게르마니아 53, 69
게르만 족 53
게르만 족의 대이동 90
고개지 165
고구려 128
고국원왕 167
고조 124
고조선 128
공산성 173
관우 156
광개토 대왕 168
광개토 대왕릉비 169
광무제 137
군국제 124
군현제 103
궁형 133
귀거래사 165
귀족파 36
그라쿠스 형제 32, 36

근위대 74
근초고왕 167
기전체 132

ㄴ
남북조 시대 164, 165
네로 75, 78
네르바 80
누미토르 18

ㄷ
대(大) 스키피오 30
대월지 127
도래인 171
도량형 통일 103
도미티아누스 79
도연명 165
동고트 족 91
동로마 제국 92
동예 128
동주 시대 98
동진 시대 163
동탁 152
두가 71
둔황 121
둔황 모가오 굴 121
둔황 석굴 121
디오클레티아누스 84

ㄹ
라티푼디움 33
런던 83
레무스 19
레아 실비아 18
레피두스 65
로도스 섬 47
로마 교황 78
로마 대화재 76
로마 정신 25
로마의 도로 83
로마의 평화 79, 83
로물루스 19
루비콘 강 56
리키니우스 86
리키니우스 법 25

ㅁ
마리우스 36
마속 158
마한 128
만리장성 104
메시나 27
〈명상록〉 82
무령왕 173
무령왕릉 173
무제 124~133
무후사 146
문제 166

밀라노 칙령 86

ㅂ
바닷길 126
바이디 성 146
반달 90
반초 138
백제 128
백제성 146
벌족파 36
법무관 48
베드로 78
베로나 94
베르킨게토릭스 54
베수비오 화산 95
베스파시아누스 79
변한 128
병마용 107
본기 131
부르군드 90
부소 112
부소산성 173
부여 128
분서 111
분서갱유 111
불로초 109
브루투스 62
브리타니아 53
비단길 125

비잔티움 88
비잔티움 제국 93
빈 83
빌라 아드리아나 94

ㅅ
〈사기〉 130
사마소 160
사마염 161
사마의 160
사마천 130~133
사면초가 119
사비 173
사비성 173
삼고초려 156
삼국 시대 155
〈삼국지〉 153
〈삼국지연의〉 153
삼두 정치 49
삼황오제 101
상비군 69
색슨 90
서 131
서고트 족 91
서로마 제국 92
서주 시대 98
서진 시대 163
석촌동 백제 고분 172
선선국 139

성제 134
세가 131
세네카 75
셴닝 147
소(小) 스키피오 30
소수림왕 167
손권 153
송산리 고분군 173
술라 37
스베이틀라 71
스파르타쿠스 38
스파르타쿠스의 난 38
시라쿠사 27
시저 59
시칠리아 섬 27
시황제 99~111
시황제 무덤 108
신 134
신라 128
신장웨이우얼 자치구 120
실크로드 125
십상시 152
12동판법 24
12표법 24
쌍수산성 173
쓰촨 성 146

ㅇ

아그리파나 74
아레나 원형 극장 94
아물리우스 18
아방궁 108
아스타나 무덤 121
아우구스투스 65, 68
아우렐리우스 82
아이네이아스 18
아프리카의 콜로세움 71
악티움 해전 66
안돈 82
안토니누스 81
안토니우스 56, 64, 65, 66
알렉산드로스 대왕 32
애제 134
앵글로 90
야마토 정권 170
양견 166
양관 120
양쯔 강 146
에트루리아 21
엘젬 71
여불위 99
〈여사잠도〉 165
여포 152
역발산기개세 115
연호 129
열전 131
영락 169
예수 77
오 155
5현제 80
5호 164
5호 16국 163
오도아케르 92
오수전 130
오초칠국의 난 124
옥새 116
옥조 128
옥타비아누스 64~69
왕검성 128
왕망 134
외척 134
우루무치 120
우한 147
웅진 173
웅진성 173
원로원 23
위·진·남북조 시대 165
위구르 족 120
유가 129
유대교 77
유방 114~119
유비 153, 156~159
유수 136
유연 163
유총 163
유트 90
유학 129
율리우스력 60
읍참마속 158
의제 115
이릉 133
이사 111
이스탄불 89

ㅈ

정자초 99
장각 151
장건 127
장비 156
장안 124, 130
장형 143
재무관 48
적벽 147
적벽 대전 154
전국 7웅 98
전한 137
정 99
제2차 삼두 정치 65
제갈량 156
조고 112
조방 159
조비 159
조예 159
조자룡 156

조조 152
종신 독재관 37, 59
종이 140
주의 동천 98
죽간 141
중앙 집권 정책 104
지동의 144
진(晉) 161
진(秦) 98
진승·오광의 난 112
진한 128
진흙판 141
집정관 22

ㅊ
차르 59
차이나 106
채륜 141
청두 146
초·한 전쟁 114
초원길 126
〈초한지〉 114
촉 155
춘추 5패 98
춘추·전국 시대 98
충칭 직할시 146

ㅋ
카르타고 26, 71

카르타고노바 29
카이사르 46~64
카이저 59
카타콤 78
칼리굴라 74
켈트 족 53
코모두스 82
콘솔 22
콘스탄티노폴리스 89
콘스탄티누스 86
콘스탄티누스 개선문 43
콘스탄티누스 대제 88
콜로세움 43, 79
크라수스 40, 49
크리스트교 75
클라우디우스 74
클레오파트라 58, 66

ㅌ
태평도 151
테베레 강 20
테오도시우스 91
통사 131
투루판 121
튀니스 71
튀니지 70
트라야누스 80
트로이 전쟁 18
티베리우스 74

티베리우스 그라쿠스 34
티볼리 94
티스드루스 71
티투스 79

ㅍ
파르티아 53
파리 83
파피루스 141
팍스 로마나 83
판테온 신전 42
팔라티노 언덕 20, 42
팔레스타인 77
팔레스트리나 95
팔왕의 난 163
페니키아 70
평민파 36
평민회 24
평제 134
포럼 로마눔 43
포럼 카이사르 60
포르투나 프리미게니아 신전 95
포에니 28
포에니 전쟁 26, 28
폼페이 95
폼페이우스 38, 49
표 131
풍납토성 175
프랑크 90

프린켑스 67
프톨레마이오스 13세 58

하드리아누스 80
하드리아누스 방벽 81
하이허 강 118
한 119
한니발 29
한신 118

한족 106
항량 115
항우 114~119
향거리선제 150
헬레니즘 제국 32
호민관 24
호해 112
혼천의 143
환관 150
황건적의 난 151

황허루 147
후베이 성 147
후연 169
후한 137
훈 족 90
흉노 106
히스파니아 37

세계사 ❸ 사진 제공

표지 셔터스톡, 위키미디어 공용 | 16p 셔터스톡, 위키미디어 공용 | 19p 위키미디어 공용 | 20p 셔터스톡 | 26p 셔터스톡 | 29p 위키미디어 공용 | 36p 위키미디어 공용 | 37p 위키미디어 공용 | 38p 위키미디어 공용 | 42p 셔터스톡 | 43p 셔터스톡 | 44p 셔터스톡 | 46p 셔터스톡 | 49p 위키미디어 공용 | 60p 셔터스톡 | 65p 셔터스톡 | 70p 위키미디어 공용 | 71p 셔터스톡, 위키미디어 공용 | 72p 셔터스톡, 위키미디어 공용 | 75p 셔터스톡 | 78p 셔터스톡 | 79p 셔터스톡 | 83p 셔터스톡 | 84p 위키미디어 공용 | 86p 셔터스톡 | 94p 셔터스톡 | 95p 셔터스톡 | 96p 셔터스톡, 위키미디어 공용 | 103p 위키미디어 공용 | 104p 셔터스톡 | 107p 셔터스톡 | 120p 위키미디어 공용 | 121p 셔터스톡, 위키미디어 공용 | 122p 위키미디어 공용 | 125p 위키미디어 공용 | 127p 위키미디어 공용 | 130p 위키미디어 공용 | 137p 위키미디어 공용 | 138p 위키미디어 공용 | 141p 셔터스톡 | 143p 셔터스톡 | 144p 위키미디어 공용 | 146p 셔터스톡, 위키미디어 공용 | 147p 셔터스톡 | 148p 위키미디어 공용 | 156p 위키미디어 공용 | 161p 위키미디어 공용 | 165p 위키미디어 공용 | 169p 두피디아, 위키미디어 공용 | 170p 위키미디어 공용 | 172p 국립중앙박물관, 문화재청, 위키미디어 공용 | 173p 국립중앙박물관, 문화재청